文楽

日本の伝統芸能を楽しむ

日本の伝統芸能を楽しむ

文楽

もくじ

【支《ささ》える人たち編《へん》】

【資料編《しりょうへん》】

登場人物が決まると、首担当《かしらたんとう》の人たちによって首《かしら》が準備《じゅんび》され、公演《こうえん》ごとにぬりなおします。

若《わか》い武士《ぶし》の人形をあやつる人形遣《にんぎょうつか》い。主遣《おもづか》いは桐竹勘十郎《きりたけかんじゅうろう》さん。

はじめに

日本には多くの伝統芸能《でんとうげいのう》があります。雅楽《ががく》、能楽《のうがく》、文楽《ぶんらく》、歌舞伎《かぶき》など、代表的《だいひょうてき》な伝統芸能《でんとうげいのう》は、みなさんも聞いたことがあるでしょう。

そのなかで、平成《へいせい》十五年（二〇〇三年）にユネスコの世界文化遺産《せかいぶんかいさん》に登録《とうろく》され、世界的《せかいてき》にも注目されているのが「文楽《ぶんらく》」です。文楽《ぶんらく》は、今から三百三十年ほど前の江戸時代《えどじだい》に大坂《おおざか》（今の大阪《おおさか》）で生まれ、人々《ひとびと》に親しまれ、はぐくまれてきた芸能《げいのう》です。大坂《おおざか》ばかりでなく、江戸《えど》やそのほかの地域《ちいき》でも人気を博《はく》し、現在《げんざい》に継承《けいしょう》されています。

文楽《ぶんらく》は、太夫《たゆう》と三味線《しゃみせん》によって演奏《えんそう》される義太夫節《ぎだゆうぶし》と、三人で動かす人形によってつくりだされる、独特《どくとく》な形式をもつ総合芸術《そうごうげいじゅつ》です。

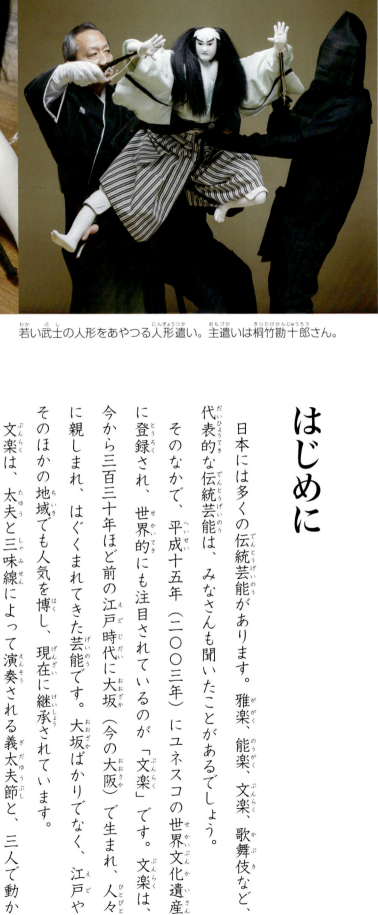

伝統芸能《でんとうげいのう》というと「言葉がむずかしそう」「劇場《げきじょう》に行くのはちょっと」などと、思ってはいませんか？　でも心配はいりません。劇場《げきじょう》では義《ぎ》太夫《だゆう》に合わせて字幕《じまく》も出ますし、物語の場面にそって内容《ないよう》を解説《かいせつ》してくれるイヤホンガイドもあります。プログラムには、わかりやすく解《かい》説《せつ》も書いてあります。

心にうったえかけるような太夫《たゆう》の語り、重厚《じゅうこう》なひびきで情景《じょうけい》を伝《つた》える三味線《しゃみせん》の音、人間より繊細《せんさい》で大胆《だいたん》な動きをする人形の芝居《しばい》を美しい舞台《ぶたい》で味わうのは、とても魅力的《みりょくてき》なことです。そして何度かくりかえし鑑賞《かんしょう》していくうちに、新しい発見もあり、楽しさがもっとましてく

海外公演《かいがいこうえん》で、素浄瑠璃《すじょうるり》（人形を入れない、太夫《たゆう》・三味線《しゃみせん》による義太夫節《ぎだゆうぶし》の演奏《えんそう》）を披露《ひろう》する竹本千歳太夫《たけもとちとせだゆう》（左）と豊澤富助《とよざわとみすけ》さん。（撮影《さつえい》　上野《うえの》 潤《じゅん》）

るにちがいありません。

文楽《ぶんらく》には、長い伝統《でんとう》のなかでできあがった、決まりごとがあります。たとえば「黒い衣裳《いしょう》を着た黒衣《くろご》とよばれる人は、見えていても見えないものとする」などの決まりごとを知っておくと、より興味深《きょうみぶか》く舞台《ぶたい》を楽しむことができるでしょう。

また、義太夫節《ぎだゆうぶし》や人形の動きが生き生きと伝《つた》わってくる舞台《ぶたい》をつくるためには、見えないところでいろいろなしごとをしている多くの人がいます。

人間より小さい人形が芝居《しばい》するのですから、舞台《ぶたい》のしつらえ、大道《おおどう》具《ぐ》や小道具《こどうぐ》、かつらや衣裳《いしょう》、なにもかもを人形に合わせた大きさにつくり、人形が動きやすく、使いやすいよう、工夫《くふう》がなされています。舞台《ぶたい》を見るわたしたちにも、人形の表情《ひょうじょう》や動きがわかりやすく伝《つた》わるよう、特別《とくべつ》な努力《どりょく》をして、それぞれの専門《せんもん》の人が舞台《ぶたい》を支《ささ》えています。そんな人たちのしごとを知ることによって、舞台《ぶたい》がぐっと身近になり、より楽しむことができるでしょう。

この本では、文楽《ぶんらく》に親しみ、楽しんでもらえるよう、華《はな》やかな舞台《ぶたい》や舞台裏《ぶたいうら》のようすを、わかりやすく解説《かいせつ》しています。これをきっかけに、文楽《ぶんらく》に興味《きょうみ》をもってもらえたら、まずは劇場《げきじょう》に行って、実際《じっさい》の舞台《ぶたい》にふれてみましょう。

【基礎知識編《きそちしきへん》】

文楽《ぶんらく》ってどういうものかな？

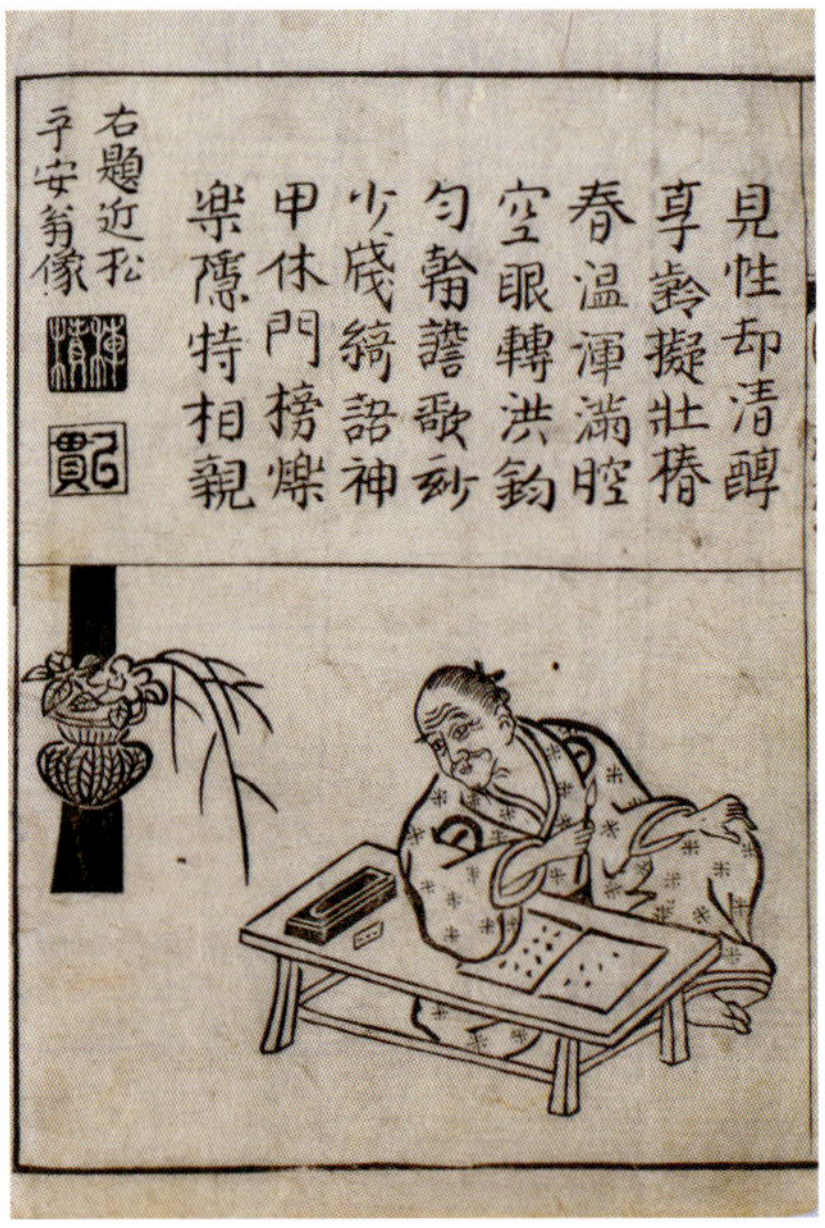

近松門左衛門《ちかまつもんざえもん》

『難波土産《なにわみやげ》』（国立文楽劇場蔵《こくりつぶんらくげきじょうぞう》）

浄瑠璃《じょうるり》の歴史書《れきししょ》　『今昔操年代記《いまむかしあやつりねんだいき》』（国立文楽劇場蔵《こくりつぶんらくげきじょうぞう》）

文楽《ぶんらく》はいつごろはじまった？

文楽《ぶんらく》は、今から三百三十年ほど前の江戸《えど》時代《じだい》のはじめ、竹本義太夫《たけもとぎだゆう》という人が大坂《おおざか》（今の大阪《おおさか》）の道頓堀《どうとんぼり》に人形芝居《にんぎょうしばい》の小屋、竹本座《たけもとざ》を開いたころにはじまりました。大《おお》阪生《さか》まれですから、使われる言葉は大阪弁《おおさかべん》です。

文楽《ぶんらく》の音楽を「義太夫節《ぎだゆうぶし》」といいます。音楽にのせて物語を聞かせる芸能《げいのう》を「語《かた》り物《もの》」といいますが、義太夫節《ぎだゆうぶし》は「浄瑠璃《じょうるり》」という語《かた》り物《もの》の一種《いっしゅ》です。

竹本義太夫《たけもとぎだゆう》は、人形芝居《にんぎょうしばい》の作者である近《ちか》松門左衛門《まつもんざえもん》と手を組み、さまざまな浄瑠璃《じょうるり》の流派《りゅうは》や各種《かくしゅ》の音曲《おんぎょく》からすぐれたところをとりいれて、新しい感覚《かんかく》の語《かた》り物《もの》、義太夫《ぎだゆう》節《ぶし》をつくりあげました。

義太夫節《ぎだゆうぶし》は、その後も人形芝居《にんぎょうしばい》の音楽として洗練《せんれん》されていきました。文楽《ぶんらく》は人形芝《にんぎょうしば》居《い》と義太夫節《ぎだゆうぶし》が合体して発展《はってん》したのです。

文楽《ぶんらく》という名前の意味は？

人形芝居《にんぎょうしばい》は、古くは「あやつり」とよばれていました。人形芝居《にんぎょうしばい》と義太夫節《ぎだゆうぶし》が合体した今の文楽《ぶんらく》のような芝居《しばい》を「あやつり芝《しば》居《い》」、または「人形浄瑠璃《にんぎょうじょうるり》」といいます。

竹本義太夫《たけもとぎだゆう》や近松門左衛門《ちかまつもんざえもん》ののちも、義《ぎ》太夫《だゆう》の弟子《でし》の豊竹若太夫《とよたけわかたゆう》が豊竹座《とよたけざ》をつくり、竹本座《たけもとざ》とともに発展《はってん》するなど、人形浄《にんぎょうじょう》瑠璃《るり》は大坂《おおざか》を代表する芸能《げいのう》になりました。三大名作とよばれ、今でも人気の高い演目《えんもく》、『菅原伝授手習鑑《すがわらでんじゅてならいかがみ》』『義経千本桜《よしつねせんぼんざくら》』『仮名手《かなで》本忠臣蔵《ほんちゅうしんぐら》』は十八世紀《せいき》なかばの作品です。

その後、人形浄瑠璃《にんぎょうじょうるり》の人気は一時おとろえますが、十九世紀《せいき》のはじめに植村文楽軒《うえむらぶんらくけん》が大坂《おおざか》の高津《こうづ》に人形芝居《にんぎょうしばい》の小屋を開き、ふたたび活気づきました。三代目の文楽軒《ぶんらくけん》は明治《めいじ》五年（一八七二年）に芝居小屋《しばいごや》を松島《まつしま》に移《うつ》し、はじめて「文楽座《ぶんらくざ》」と名乗りました。このようなことから、人形浄瑠璃《にんぎょうじょうるり》はいつしか「文楽《ぶんらく》」とよばれるようになったのです。

時代物《じだいもの》の代表的《だいひょうてき》な首《かしら》。

楽屋前《がくやまえ》の廊下《ろうか》にずらりとならんだ、出番を待つ人形たち。

義太夫節《ぎだゆうぶし》の創始者《そうししゃ》である竹本義太夫《たけもとぎだゆう》
『筑後掾肖像《ちくごのじょうしょうぞう》』（東京大学駒場図書館蔵《とうきょうだいがくこまばとしょかんぞう》）

文楽《ぶんらく》はどんな人が見たの？

江戸《えど》時代《じだい》には文楽《ぶんらく》は大変《たいへん》な人気で、一時は歌舞伎《かぶき》をしのぐほどでした。文楽《ぶんらく》の演目《えんもく》が歌舞伎《かぶき》にとりいれられるなど、文楽《ぶんらく》と歌舞伎《かぶき》がともにさかんになったのです。

文楽《ぶんらく》の演目《えんもく》には、歴史的《れきしてき》な物語をあつかった「時代物《じだいもの》」と、当時の庶民《しょみん》の暮《く》らしをあつかった「世話物《せわもの》」があります。世話物《せわもの》の多くは、大坂《おおざか》の商人たちの世界を描《えが》いており、実際《じっさい》におきた心中事件《しんじゅうじけん》をもとにつくられた近松門左衛門《ちかまつもんざえもん》の『曽根崎心中《そねざきしんじゅう》』は、世話物《せわもの》のはじまりといわれています。

観客《かんきゃく》も商家《しょうか》の人たちが多かったのですが、意外にも武士《ぶし》からの人気も高く、当時の武士《ぶし》の日記にも文楽《ぶんらく》を楽しんだことが書かれています。

世界でもめずらしい人形芝居《にんぎょうしばい》

文楽《ぶんらく》は人形を使った芝居《しばい》です。人形劇《にんぎょうげき》や人形芝居《にんぎょうしばい》というと、子どもむけにつくられた指人形や着ぐるみ人形の芝居《しばい》を思いだすかもしれません。でも文楽《ぶんらく》はちがいます。

もともとは大人のための物語で、もちろん子どもも登場しますが、主に大人の心の動きを表現《ひょうげん》して見せる芝居《しばい》です。

文楽《ぶんらく》は、高さ一メートル以上《いじょう》もある大きな人形を、三人の人形遣《にんぎょうつか》いで動かす、世界でもめずらしい人形芝居《にんぎょうしばい》です。正面の舞台《ぶたい》とは別《べつ》に、上手側《かみてがわ》（客席《きゃくせき》から見て舞台右《ぶたいみぎ》側《がわ》）にも小さな舞台《ぶたい》があり、太夫《たゆう》の語りと三味線《しゃみせん》による、義太夫節《ぎだゆうぶし》という音楽で物語が展開《てんかい》していきます。

着物を着た大人の男の人が、人形をあやつったり、むずかしそうな言葉で物語を語ったりします。はじめはちょっとなじみにくいかもしれませんが、わかってくると、とてもおもしろくて、だれでも楽しめます。

【基礎《き》《そ》知《ち》識《しき》編《へん》】

舞《ぶ》台《たい》を見てみよう

国立文楽劇場《こくりつぶんらくげきじょう》

❶ 客席《きゃくせき》

文楽《ぶんらく》は主に、大阪《おおさか》の国立文楽劇場《こくりつぶんらくげきじょう》と東京の国立劇場小劇場《こくりつげきじょうしょうげきじょう》で上演《じょうえん》されますが、東京と大阪《おおさか》では劇場《げきじょう》のいすのならび方が少しちがいます。また、小さい子ども用の補助《ほじょ》いすが借《か》りられますので、座高《ざこう》が高くなり見やすくなります。

大阪《おおさか》の文楽劇場《ぶんらくげきじょう》には、すきな幕《まく》を一幕《ひとまく》だけ見られる「幕見《まくみ》」のための席《せき》が、客席後方《きゃくせきこうほう》の左右に用意されています。

❷ 床《ゆか》と盆《ぼん》

舞台《ぶたい》の上手《かみて》にある小さな舞台《ぶたい》を「床《ゆか》」といいます。太夫《たゆう》と三味線弾《しゃみせんひ》きは、ここに座《すわ》って演奏《えんそう》します。床《ゆか》のまんなかには「盆《ぼん》」とよばれる回転する丸い台がとりつけられており、太夫《たゆう》と三味線弾《しゃみせんひ》きは舞台裏《ぶたいうら》で盆《ぼん》に座《すわ》ると、そのまま、くるっと回って表に登場します。

文楽《ぶんらく》の舞台《ぶたい》はどうなっているのかな?

太夫《たゆう》と三味線弾《しゃみせんひ》きが浄瑠璃《じょうるり》を語る「床《ゆか》」、人形遣《にんぎょうつか》いが人形をあやつるための舞台《ぶたい》スペースなど、文楽《ぶんらく》の舞台《ぶたい》には、人形芝居《にんぎょうしばい》に独特《どくとく》な特徴《とくちょう》があります。どのようになっているのか見てみましょう。

❺ 御簾内《みすうち》

舞台上手《ぶたいかみて》の御簾内《みすうち》は、若手《わかて》の太夫《たゆう》と三味線弾《しゃみせんひ》きが床《ゆか》に登場せずに演奏《えんそう》するときに使います。

下手《しもて》の御簾内《みすうち》は囃子部屋《はやしべや》で、笛や太鼓《たいこ》、鼓《つづみ》、鉦《かね》などでお囃子《はやし》を演奏《えんそう》します。

❻ 小幕《こまく》

舞台《ぶたい》の上手《かみて》と下手《しもて》にある黒い幕《まく》で、ここから人形が出入りします。登場する人形のようすをあらわすように、明るく元気にシャッといきおいよくあけたり、しずかにそっとあけたりして、芝居《しばい》の雰囲気《ふんいき》を盛《も》りあげる手助けをします。

いろいろな幕《まく》

【緞帳《どんちょう》】

つづれ織《お》りの重厚《じゅうこう》で華《はな》やかな模様《もよう》の幕《まく》で、開演前《かいえんまえ》と長い休憩時間《きゅうけいじかん》のときにしまります。

【定式幕《じょうしきまく》】

黒、柿色《かきいろ》(赤茶色)、萌葱色《もえぎいろ》(こい緑色)の三色、縦《たて》じまの引《ひ》き幕《まく》です。この三色は文楽《ぶんらく》や歌舞伎《かぶき》のシンボルカラーです。歌舞伎《かぶき》とは逆《ぎゃく》で、上手から下手にむかってあけていきます。

【浅葱幕《あさぎまく》】

あざやかな水色(浅葱色《あさぎいろ》)の幕《まく》で、舞《ぶ》台全体《たいぜんたい》をおおうように上からつりさげられます。観客《かんきゃく》がわくわくと期待していると、柝《き》(拍子木《ひょうしぎ》)の合図とともにストンと浅葱幕《あさぎまく》が落ちて一瞬《いっしゅん》で景色《けしき》が変《か》わり、物語の新しい展開《てんかい》を見せてくれます。

❹ 舟底《ふなぞこ》

二の手摺《てすり》と本手摺《ほんてすり》のあいだには約《やく》2メートルの幅《はば》があります。舞台《ぶたい》の床面《ゆかめん》から一尺《しゃく》二寸《すん》(約《やく》36センチ)低《ひく》くなっていて、まるで舟《ふね》の底《そこ》のように見えることから「舟底《ふなぞこ》」とよばれます。人形遣《にんぎょうつか》いはここで人形を動かします。舟底《ふなぞこ》に立った人形遣《にんぎょうつか》いが、人形の足を二の手摺《てすり》にそって動かすと、ちょうど地面を歩いているように見えます。

❸ 手摺《てすり》

舞台《ぶたい》には、手前から奥《おく》にかけて、「手摺《てすり》」とよばれる三つの仕切りがあります。(左写真)

一番手前の「一の手摺《てすり》」は、舞台《ぶたい》の床面《ゆかめん》から八寸《すん》(約《やく》24センチ)の高さで、舞台《ぶたい》と客席《きゃくせき》を区切る意味があります。

二番目の「二の手摺《てすり》」は一尺《しゃく》六寸《すん》(約《やく》48センチ)の高さで、芝居《しばい》のうえでの道や庭、畳《たたみ》の位置《いち》になります。

三番目の「三の手摺《てすり》」は「本手摺《ほんてすり》」ともいい、高さは二尺《しゃく》八寸《すん》(約《やく》84センチ)です。家のなかの床《ゆか》の面をあらわし、ここからは家のなかになります。また本手摺《ほんてすり》には「オトシ」という切りこみがあり、家のなかから庭先に出るときなどの出入り口になります。

舞台《ぶたい》の裏側《うらがわ》に入ってみたよ

客席《きゃくせき》からは見ることができない舞台《ぶたい》のいろいろな場所にズームイン！

床《ゆか》のしかけ

床《ゆか》の中央には「文楽廻《ぶんらくまわ》し（盆《ぼん》）」とよばれる回転式の装置《そうち》があります。演目《えんもく》がはじまると、文楽廻《ぶんらくまわ》しがくるっと回って太夫《たゆう》と三味線弾《しゃみせんひ》きが登場します。語りおえると、また文楽廻《ぶんらくまわ》しが回って、裏《うら》にひかえていた次の太夫《たゆう》と三味線弾《しゃみせんひ》きに交代します。

この文楽廻《ぶんらくまわ》しは、機械《きかい》ではなく、「床世話《ゆかせわ》」という裏方《うらかた》さんが回しています。

小幕《こまく》

江戸時代《えどじだい》に文楽《ぶんらく》をさかんにした二つの劇場《げきじょう》、竹本座《たけもとざ》（左下）と豊竹座《とよたけざ》（右上）の紋《もん》が、黒地に白で染《そ》めぬかれています。太夫《たゆう》は、この竹本姓《たけもとせい》と豊竹姓《とよたけせい》を名乗っています。

コラム 芸名《げいめい》の秘密《ひみつ》

太夫《たゆう》の芸名《げいめい》は「○○太夫《たゆう》」と、かならず「太《た》夫《ゆう》」の字をつけて、太夫《たゆう》であることを示《しめ》しています。「○○大夫《たゆう》」と書いた時期もありましたが、二〇一六年四月から、竹本義太夫《たけもとぎだゆう》以来《いらい》の伝統的《でんとうてき》な表記である「太夫《たゆう》」にもどされました。

読み方は、咲太夫《さきたゆう》、三輪太夫《みわたゆう》、呂勢太夫《ろせたゆう》のように二字の場合は「○○たゆう」とにごらずに読み、それ以外《いがい》は英太夫《はなぶさだゆう》、津駒太夫《つこまだゆう》、千歳太夫《ちとせだゆう》のように「○○だゆう」とにごって読むのが習慣《しゅうかん》です。

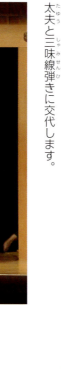

御簾内《みすうち》

舞台《ぶたい》の上手《かみて》と下手《しもて》にある小幕《こまく》の上には、御簾《みす》（すだれ）がかかった小さな部屋があります。これを「御簾内《みすうち》」といいます。

上手《かみて》の御簾内《みすうち》では、まだ若《わか》くて経験《けいけん》のあさい太夫《たゆう》と三味線《しゃみせん》弾《ひ》きが、「端場《はば》」とよばれる物語の短い導入部《どうにゅうぶ》を演奏《えんそう》したり、立ち回りの場面などで演奏《えんそう》をします。

下手《しもて》の御簾内《みすうち》には囃子方《はやしかた》の人がいて、笛、太鼓《たいこ》、鼓《つづみ》、鉦《かね》などの楽器《がっき》で、芝居《しばい》の雰囲気《ふんいき》を盛《も》りあげる効果音《こうかおん》を演奏《えんそう》します。

下手《しもて》の御簾内《みすうち》

上手《かみて》の御簾内《みすうち》

出番を待つ人形たち

楽屋前《がくやまえ》の廊下《ろうか》には、その日の公演《こうえん》に登場する人形がならんでいます。人形は、首《かしら》をとりかえることで、すぐに着がえができます。

壁《かべ》にかけられたツメ人形たち。ツメ人形とは、「三人《さんにん》遣《づか》い」の主役級の人形ではなく、一人で遣《つか》う人形で、村人、奴《やっこ》、子どもなど、その他大勢《たおおぜい》として登場します。

首《かしら》の後《うし》ろ側《がわ》（後頭部の中心）から釘《くぎ》が出ていて、その釘《くぎ》を壁《かべ》にひっかけています。

【基礎知識編《きそちしきへん》】

上演中《じょうえんちゅう》の舞台《ぶたい》を見てみよう

文楽人形《ぶんらくにんぎょう》は、一体の人形を三人であやつります。人形一体につき、三倍の人間が舞台《ぶたい》の上にいることになります。そのため、人形遣《にんぎょうつか》いがぶつからずにスムーズに動くことができるよう、舞台《ぶたい》にもいろいろな工夫《くふう》があります。

❶
❷
❸
❺
❻
❼
❽
❾

❶ 客席《きゃくせき》

❷ 一の手摺《てすり》

客席《きゃくせき》に一番近い手摺《てすり》で、ここから先は舞台《ぶたい》ですという目印《めじるし》になります。

❸ 二の手摺《てすり》

人形にとっての道、庭先などになります。ここの足下が舟底《ふなぞこ》です。

人形をあやつるだけでなく、ほかにもやることがたくさんあるんだ

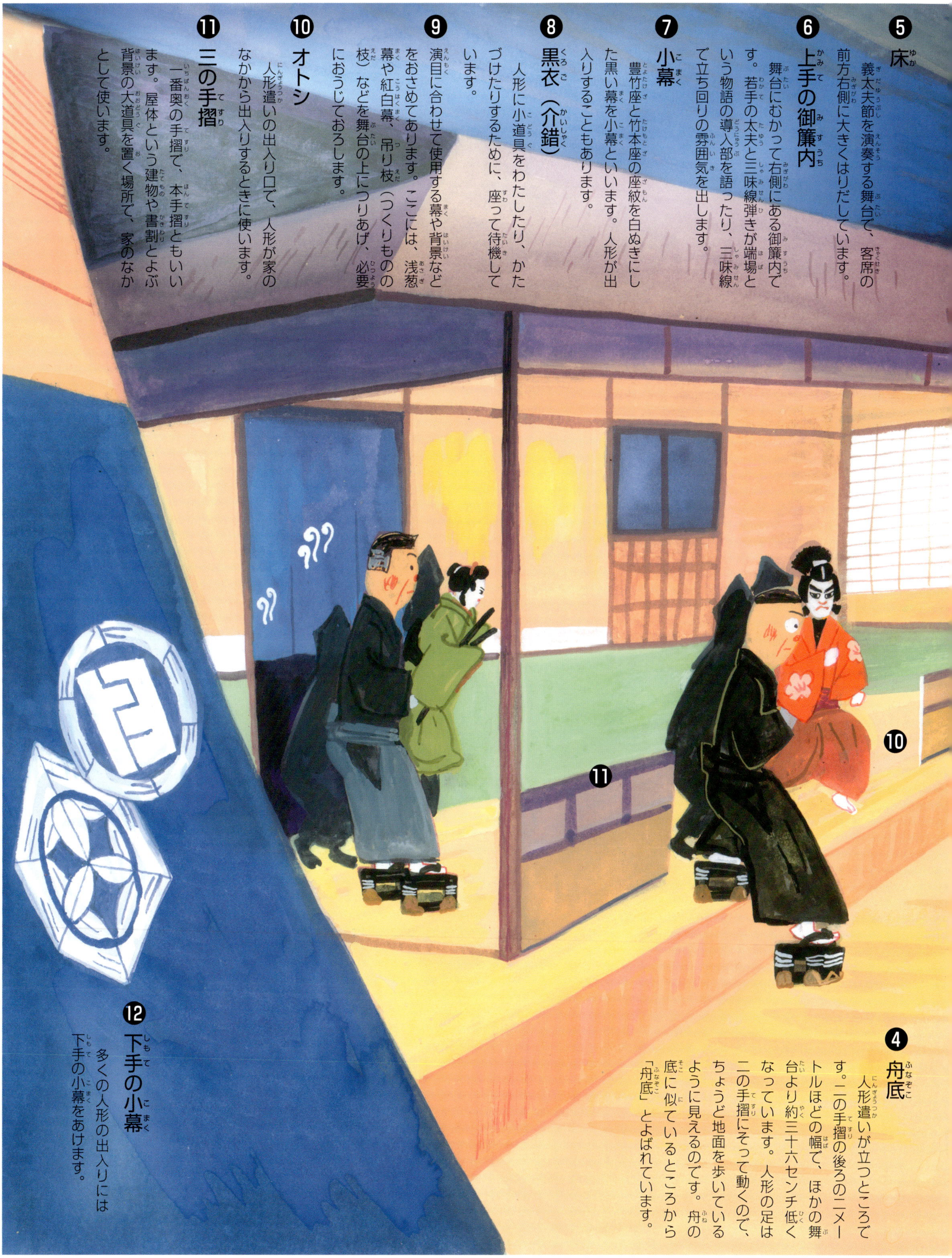

❹ 舟底《ふなぞこ》

人形遣《にんぎょうつか》いが立つところです。二の手摺《てすり》の後ろの二メートルほどの幅《はば》で、ほかの舞《ぶ》台《たい》より約《やく》三十六センチ低《ひく》くなっています。人形の足は二の手摺《てすり》にそって動くので、ちょうど地面を歩いているように見えるのです。舟《ふね》の底《そこ》に似《に》ているところから「舟底《ふなぞこ》」とよばれています。

❺ 床《ゆか》

義太夫節《ぎだゆうぶし》を演奏《えんそう》する舞台《ぶたい》で、客席《きゃくせき》の前方右側《みぎがわ》に大きくはりだしています。

❻ 上手《かみて》の御簾内《みすうち》

舞台《ぶたい》にむかって右側《みぎがわ》にある御簾内《みすうち》です。若手《わかて》の太夫《たゆう》と三味線《しゃみせん》弾《ひ》きが端場《はば》という物語の導入部《どうにゅうぶ》を語ったり、三味線《しゃみせん》で立ち回りの雰囲気《ふんいき》を出します。

❼ 小幕《こまく》

豊竹座《とよたけざ》と竹本座《たけもとざ》の座紋《ざもん》を白ぬきにした黒い幕《まく》を小幕《こまく》といいます。人形が出入りすることもあります。

❽ 黒衣《くろご》（介錯《かいしゃく》）

人形に小道具《こどうぐ》をわたしたり、かたづけたりするために、座《すわ》って待機《たいき》しています。

❾

演目《えんもく》に合わせて使用する幕《まく》や背景《はいけい》などをおさめてあります。ここには、浅葱《あさぎ》幕《まく》や紅白幕《こうはくまく》、吊《つ》り枝《えだ》（つくりものの枝《えだ》）などを舞台《ぶたい》の上につりあげ、必要《ひつよう》におうじておろします。

❿ オトシ

人形遣《にんぎょうつか》いの出入り口で、人形が家のなかから出入りするときに使います。

⓫ 三の手摺《てすり》

一番奥《いちばんおく》の手摺《てすり》で、本手摺《ほんてすり》ともいいます。屋体という建物《たてもの》や書割《かきわり》とよぶ背景《はいけい》の大道具《おおどうぐ》を置《お》く場所で、家のなかとして使います。

⓬ 下手《しもて》の小幕《こまく》

多くの人形の出入りには下手《しもて》の小幕《こまく》をあけます。

文楽《ぶんらく》は三位一体《さんみいったい》の芸《げい》

物語のすべてを語る 太夫《たゆう》

太夫《たゆう》は舞台《ぶたい》の上手側《かみてがわ》にある床《ゆか》に座《すわ》って義太夫節《ぎだゆうぶし》を語ります。義太夫節《ぎだゆうぶし》は、うたうのではなく物語を語り聞かせる語り物《かたりもの》です。

太夫《たゆう》は、複数《ふくすう》の登場人物のせりふだけでなく、物語の背景《はいけい》や場面のようすなど、原則《げんそく》として物語のすべてを一人で語ります。

大人の男性《だんせい》である太夫《たゆう》が女性《じょせい》や子どものせりふを語り、さらに商人や侍《さむらい》、おじいさんやおばあさん、お姫様《ひめさま》と町娘《まちむすめ》など、すべての登場人物のせりふを語りわけ、その心情《しんじょう》を観客《かんきゃく》に伝《つた》えます。

義太夫節《ぎだゆうぶし》の竹本千歳太夫《たけもとちとせだゆう》さん。

床本《ゆかほん》と見台《けんだい》

「床本《ゆかほん》」は太夫《たゆう》が舞台《ぶたい》で使う台本、「見台《けんだい》」はそれを置《お》く台です。

盆《ぼん》に乗って、くるりと舞台《ぶたい》に登場した太夫《たゆう》は、まず床本《ゆかほん》を目の上におしいただいてから語りはじめます。これからはじまる舞台《ぶたい》のすべてが入っている床本《ゆかほん》を大切にしているからです。台本をすべて暗記していても、床本《ゆかほん》に敬意《けいい》をはらい、かならず見台《けんだい》に置《お》いて語ります。

床本《ゆかほん》は和紙を和綴《わと》じにしてあります。太夫《たゆう》が自分で書くのが原則《げんそく》ですが、師匠《ししょう》や先輩《せんぱい》からゆずりうけた由緒《ゆいしょ》ある床本《ゆかほん》を使うこともあります。墨《すみ》を使い、独特《どくとく》の浄瑠璃文字《じょうるりもじ》で大きく五行に書いて、その横に節回《ふしまわ》しをあらわす記号を朱《しゅ》で書きいれてあります。

見台《けんだい》は、太夫《たゆう》がドンと乗りかかるほど大きな力をかけてもこわれないくらい頑丈《がんじょう》にできています。漆《うるし》ぬりの蒔絵《まきえ》がほどこされた豪華《ごうか》なもので、前に下がる大きな房《ふさ》は絹糸《きぬいと》です。演目《えんもく》や語る段《だん》の内容《ないよう》によって、太夫自身《たゆうじしん》が持っている見台《けんだい》のなかから選《えら》びます。

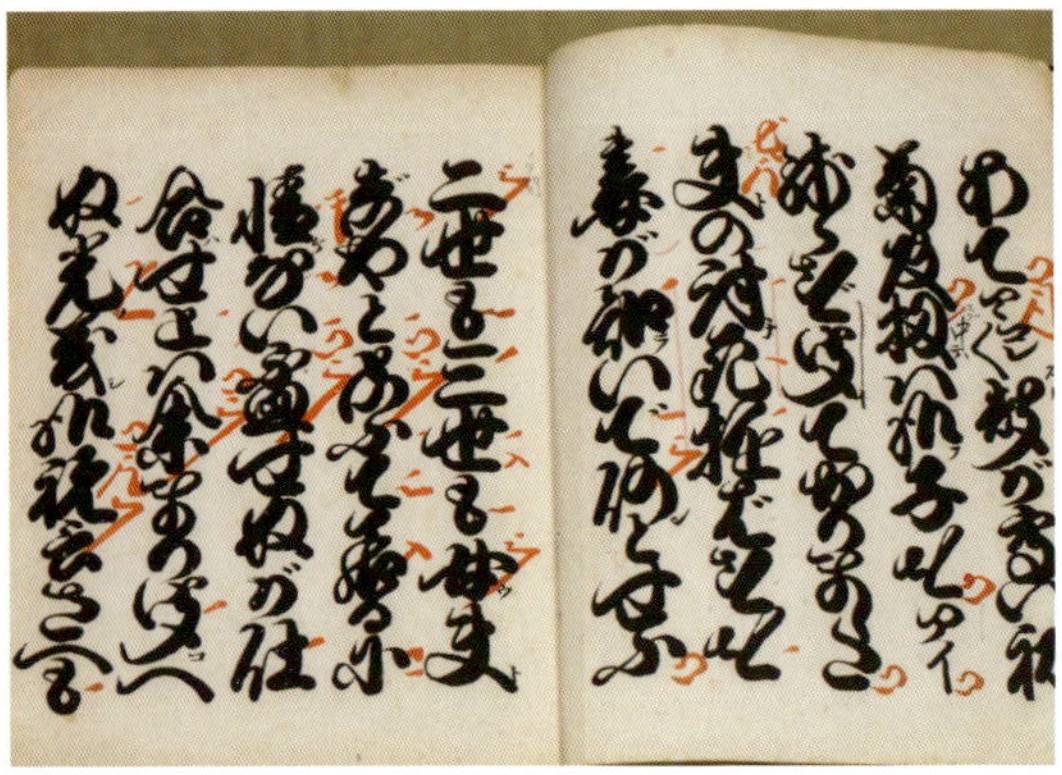

「床本《ゆかほん》」には、浄瑠璃文字《じょうるりもじ》で大きく本文が書いてあります。

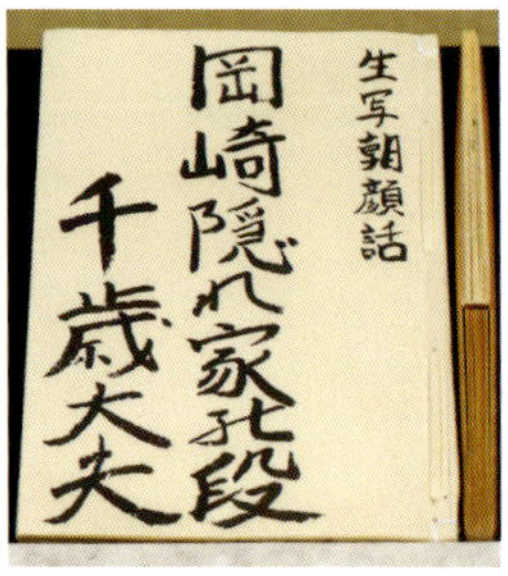

千歳太夫《ちとせだゆう》手書きの「床本《ゆかほん》」。

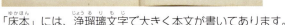

大きな声の秘密《ひみつ》

太夫《たゆう》はマイクを使わずに、おなかの底《そこ》から出す大きな声で義太夫節《ぎだゆうぶし》を語ります。客席《きゃくせき》のどこにでも話の内容《ないよう》が伝《つた》わるよう、ときにはおおげさとも思える表現《ひょうげん》をしたり、前に置《お》かれた見台《けんだい》に乗りかかるようにして力強く語ることもあります。

わかりやすくて大きい、迫力《はくりょく》ある声を出すための工夫《くふう》があります。まず、おなかを力強く引きしめるために「腹帯《はらおび》」を巻《ま》き、ふところには小豆《あずき》や小石などをつめた「オトシ」という細長い袋《ふくろ》を入れます。座《すわ》るときは「尻引《しりひき》」という小さな台を尻《しり》の下に置《お》き、両足のつま先を立てて座《すわ》ります。そうすることで、しっかりと安定した声を、おなかから出すことができます。

このような特別《とくべつ》なしたくと座《すわ》り方《かた》で、繊細《せんさい》な表現《ひょうげん》から迫力《はくりょく》あふれる語りまで、変幻自在《へんげんじざい》に演《えん》じるのです。

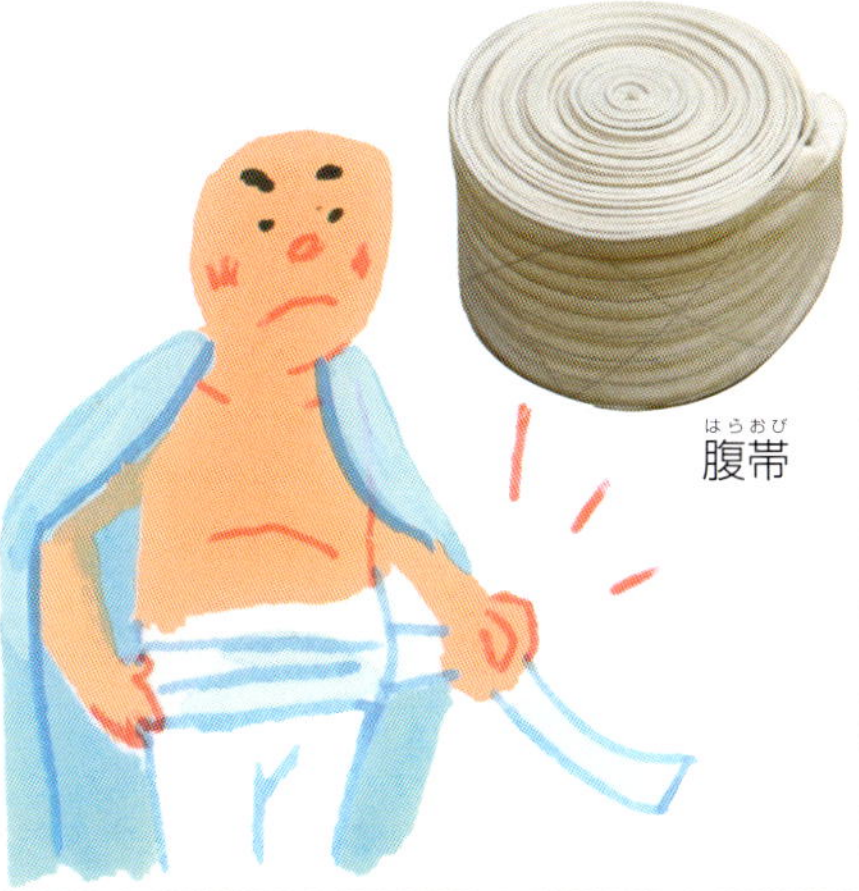
腹帯《はらおび》

オトシ

尻引《しりひき》

【ゆたかな表情《ひょうじょう》】

義太夫節《ぎだゆうぶし》は、心を言葉で伝《つた》えていきます。太夫《たゆう》は、一人で多くの人物を語りわけ、登場人物になりきって語ります。

文楽独特《ぶんらくどくとく》の「大笑《おおわら》い」

蘇我入鹿《そがのいるか》（『妹背山婦女庭訓《いもせやまおんなていきん》』）のような権力者《けんりょくしゃ》や、高師直《こうのもろのう》（『仮名手本忠臣蔵《かなてほんちゅうしんぐら》』）、瀬尾十郎《せのおのじゅうろう》（『源平布引滝《げんぺいぬのびきのたき》』）、加藤正清《かとうまさきよ》（『絵本太功記《えほんたいこうき》』）のような武士《ぶし》が、自分に力のあることを見せつけたり、苦しい本心を笑《わら》いでかくすときなどに大笑《おおわら》いする場面があります。これでもかというほど長く、はげしく続《つづ》く、おおげさな笑《わら》いは、文楽《ぶんらく》ならではの、ありえないほど極端《きょくたん》な笑《わら》いです。

文楽《ぶんらく》は三位一体《さんみいったい》の芸《げい》

登場人物の心情《しんじょう》を弾《ひ》く三味線《しゃみせん》

三味線《しゃみせん》には太棹《ふとざお》、中棹《ちゅうざお》、細棹《ほそざお》の三種類《しゅるい》がありますが、義太夫節《ぎだゆうぶし》に使われるのは一番大きな太棹《ふとざお》です。棹《さお》も糸も太い太棹《ふとざお》からは、低《ひく》くて重みのある音が出ます。三《しゃ》味線《みせん》を弾《ひ》くばちも大きくて重く、そこから出るのは聞く人のおなかの底《そこ》、胸《むね》の奥《おく》までひびく力強い音色《ねいろ》です。三味線弾《しゃみせんひ》きは太夫《たゆう》とならんで床《ゆか》に座《すわ》り、呼吸《こきゅう》を合わせて演奏《えんそう》します。文楽《ぶんらく》の三味線《しゃみせん》は、ただの伴奏楽器《ばんそうがっき》ではありません。義太夫節《ぎだゆうぶし》を語る太夫《たゆう》とともに話を盛《も》りあげ、場面の雰囲気《ふんいき》や登場人物の心情《しんじょう》を表現《ひょうげん》し、物語をより深いものにしていきます。

三味線弾《しゃみせんひ》きの豊澤富助《とよざわとみすけ》さん。

太棹三味線《ふとざおしゃみせん》の名称《めいしょう》と道具

【ばち】

ばちは、象牙《ぞうげ》でできており、これで糸を弾《ひ》いて音をかなでます。三味線《しゃみせん》の種類《しゅるい》によって大きさや重さがことなりますが、太棹用《ふとざおよう》のばちは大きくて厚《あつ》く、重いものを使います。まんなかには、すべらないように和紙を巻《ま》きます。

【筆粉《ふでこ》】

もみがらの灰《はい》でできています。ばちがすべらないように、右手の親指と、薬指と小指のまたにつけます。

【棹《さお》】

胴《どう》から上の、糸をはった部分をさします。

【天神《てんじん》】

糸巻《いとまき》をさしこんでいる部分です。

【胴《どう》・皮】

胴《どう》はかたい木でできています。皮は、猫《ねこ》や犬の皮を使用しています。

【駒《こま》】

音を共鳴《きょうめい》させる小さな部品で、水牛の角《つの》でできています。糸と胴《どう》のあいだにはさみます。なかに鉛《なまり》が入っていて、重さで音の調子が変《か》わります。

【三の糸　二の糸　一の糸】

一の糸が一番太く、低《ひく》い音を出します。二の糸、三の糸の順《じゅん》に糸が細くなり、音も高くなります。太さのちがう絹糸《きぬいと》を使っています。

【さわり】

糸を振動《しんどう》させてひびかせるはたらきをします。

三味線《しゃみせん》のかまえ方

胴《どう》を右膝《みぎひざ》の上に置《お》き、右腕《みぎうで》でおさえながら、右手に持ったばちで糸をはじきます。棹《さお》は左手で持ち、棹《さお》にそって指を動かしながら糸をおさえます。おさえる位置《いち》によって音の高低《こうてい》を調節《ちょうせつ》します。

まっすぐ前を見つめて演奏《えんそう》します。

三味線弾《しゃみせんひ》きは、大きい楽器《がっき》を弾《ひ》くために大《たい》変《へん》な修行《しゅぎょう》をつみます。そのため、糸をおさえるつめには、糸道《いとみち》とよばれる溝《みぞ》ができてしまうほどです。

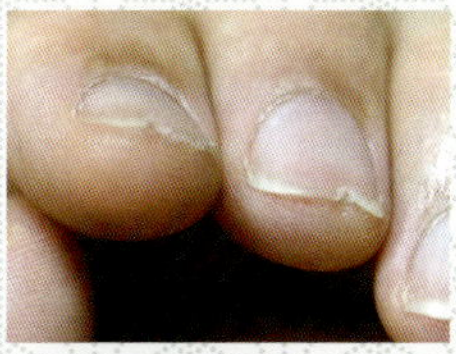
つめについた糸道《いとみち》

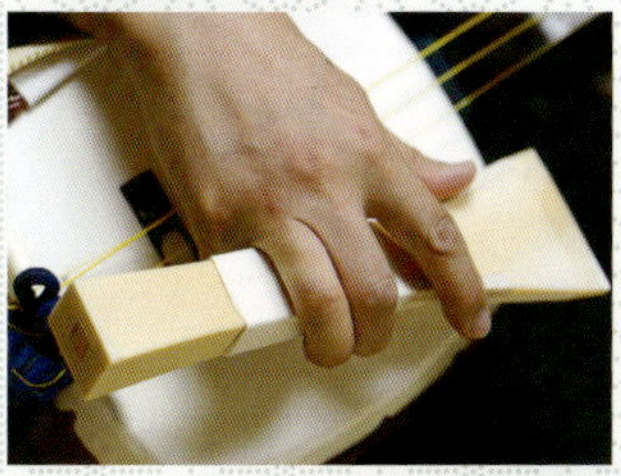
ばちの持ち方

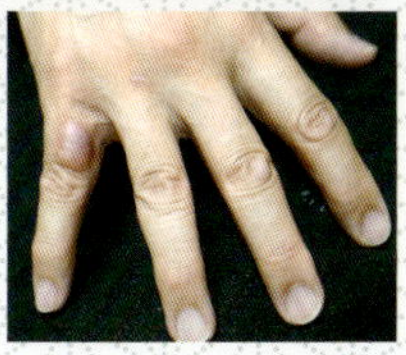
ばちを強くにぎるため、小指には大きなたこができています。

三味線弾《しゃみせんひ》きの座《すわ》り方《かた》に注目

床《ゆか》にならんで座《すわ》る太夫《たゆう》と三味線弾《しゃみせんひ》きをくらべると、三味線弾《しゃみせんひ》きのほうが座高《ざこう》が低《ひく》く、小さく見えます。これは座《すわ》り方《かた》がちがうためで、太夫《たゆう》は足のつま先を立てて座《すわ》りますが、三味線弾《しゃみせんひ》きは、膝《ひざ》を広めにひろげて、両足のあいだにお尻《しり》をペタンと落として座《すわ》ります。これは大きくて重い三味《しゃみ》線《せん》とばちを、安定してかまえることのできる座《すわ》り方《かた》です。三味線《しゃみせん》を弾《ひ》くときは、しっかり強く糸を弾《ひ》くことで、三味線《しゃみせん》を安定させることが重要《じゅうよう》なのです。

太夫《たゆう》と三味線弾《しゃみせんひ》きは、気持ちを一つにして感動を伝《つた》えます。

三味線《しゃみせん》以外《いがい》の楽器《がっき》も演奏《えんそう》します

三味線弾《しゃみせんひ》きは、ときには三味線《しゃみせん》以外《いがい》の楽器《がっき》を演奏《えんそう》することもあります。悲しい場面や、さびしさを強調するために胡弓《こきゅう》を弾《ひ》いたり、人形が琴《こと》を演奏《えんそう》する場面では、床《ゆか》で琴《こと》を弾《ひ》きます。いつもは太棹三味線《ふとざおじゃみせん》ですが、情景《じょうけい》描写《びょうしゃ》のために舞台《ぶたい》のかげで細棹《ほそざお》を弾《ひ》くこともあります。

コラム　「景事《けいごと》」の演奏《えんそう》は迫力満点《はくりょくまんてん》！

ふつうは太夫《たゆう》と三味線弾《しゃみせんひ》きは一人ずつですが、舞踊《ぶよう》や音楽の要素《ようそ》の強い「景事《けいごと》」とよばれる演目《えんもく》などでは、太夫《たゆう》が数人と三《しゃ》味線《みせん》一人、または三味線も複数《ふくすう》というように、ずらりとならんで演奏《えんそう》することがあります。豪《ごう》華《か》で迫力《はくりょく》のある演奏《えんそう》です。

　またツレ弾《び》きといって、曲の一部に三味線《しゃみせん》が一人くわわることもあります。音にさらに厚《あつ》みが出て、より華《はな》やかな雰囲気《ふんいき》の演奏《えんそう》になります。

文楽《ぶんらく》は三位一体《さんみいったい》の芸《げい》

人形に息をふきこむ 人形遣《にんぎょうつか》い

むかしは、人形浄瑠璃《にんぎょうじょうるり》の人形は、下から手を入れて一人で動かす一人遣《ひとりづか》いでした。その後、三人遣《さんにんづか》いになってから、人形が大きくなり、世界でもめずらしい三人で一体の人形を動かす三人遣《さんにんづか》いとなりました。人形の細かい表情《ひょうじょう》や動きも見せられ、物語の内容《ないよう》をより深く伝《つた》えることができます。

文楽《ぶんらく》では、「主遣《おもづか》い」「左遣《ひだりづか》い」「足遣《あしづか》い」の三人の人形遣《にんぎょうつか》いが、息を合わせて一体の人形をあやつります。人形の目線や肩《かた》の動き、主遣《おもづが》いの足の運びなど、主遣《おもづか》いが出すたくさんのサイン（頭《ず》）で、調和がとれた動きをします。

娘《むすめ》の人形をあやつる、桐竹勘十郎《きりたけかんじゅうろう》さん。

人形遣《にんぎょうつか》いの衣裳《いしょう》

主遣《おもづか》いは黒紋付《くろもんつき》に袴姿《はかますがた》です。夏は白の紋付《もんつき》を着ますが、役によっては白ではなく、色物にすることもあります。

左遣《ひだりづか》いと足遣《あしづか》いは、黒い長着《ながぎ》と黒い頭巾《ずきん》で顔をかくした黒衣姿《くろごすがた》です。むかしから、舞台《ぶたい》では黒は見えないものという約束《やくそく》なので、黒衣姿《くろごすがた》には観客《かんきゃく》から見えない存在《そんざい》という意味があります。

主遣《おもづか》いのように顔を出して人形をつかうことを「出遣《でづか》い」といいます。むかしはあまりしませんでしたが、どんな人が人形を動かしているのか知りたいという観客《かんきゃく》の要望《ようぼう》にこたえて、人形に命をふきこむ役割《やくわり》の主遣《おもづか》いの顔がわかるようにと、今のような形になりました。

左遣《ひだりづか》いや足遣《あしづか》いが活躍《かつやく》する特別《とくべつ》な場合には、出遣《でづか》いになることもあります。『勧進帳《かんじんちょう》』の弁慶《べんけい》や「狐火《きつねび》」（『本朝廿四孝《ほんちょうにじゅうしこう》』）の八重垣《やえがき》姫《ひめ》は、三人とも出遣《でづか》いです。また「琴責《ことぜめ》」（『壇浦兜軍記《だんのうらかぶとぐんき》』）の阿古屋《あこや》は、三味線《しゃみせん》や胡《こ》弓《きゅう》を弾《ひ》く左手が重要《じゅうよう》なので、左遣《ひだりづか》いが出遣《でづか》いです。

主遣《おもづか》いのサインによって三人が呼吸《こきゅう》を合わせ、人形の動きを表現《ひょうげん》します。

三人遣《さんにんづか》いの役割《やくわり》

主遣《おもづか》い

人形の首《かしら》と右手をあやつる中心的《ちゅうしんてき》な人形遣《にんぎょうつか》いです。左手で首《かしら》の胴串《どぐし》を持って人形全体を支《ささ》え、指で首《かしら》の表情《ひょうじょう》を出します。右手は、人形の右手を動かします。

三人のうちで一番背《せ》が高く見えますが、これは、人形をかまえたときに、人形が手摺《てすり》の位置《いち》で動いているように見せるため、「舞台下駄《ぶたいげた》」をはいているからです。

代表的《だいひょうてき》な型《かた》である「後振《うしろぶ》り」。主遣《おもづか》いは、帯《おび》の下の穴《あな》に手をさしこんであやつります。

女方《おんながた》（女性《じょせい》の役）の人形には足がないので、着物のすそを裏側《うらがわ》からつまみ、すそをさばいて動きをあらわします。座《すわ》るときは足遣《あしづか》いの腕《うで》で、立《た》て膝《ひざ》のときはこぶしで、人形の膝《ひざ》の形をつくります。

左遣《ひだりづか》い

人形の左手についている差金《さしがね》という長い棒《ぼう》を右手で持って、あやつります。左手はポケットから小道具《こどうぐ》をとりだしたり、人形を支《ささ》えたりします。

舞台下駄《ぶたいげた》は、主遣《おもづか》いの身長や役柄《やくがら》に合わせて高さを変《か》えます。下駄《げた》の底《そこ》には、わらじがとりつけてあります。

足遣《あしづか》い

人形の足を担当《たんとう》し、走ったり歩いたり座《すわ》ったりという動作をします。足拍子《あしびょうし》をとったり、型《かた》を決めるときには、足遣《あしづか》いが大きな音を出して足ぶみをします。

左手は、「差金《さしがね》」という棒《ぼう》を使って動かします。

【基礎知識編《きそちしきへん》】

人形のしくみと秘密《ひみつ》

人間と同じような動きをする人形はどのようなつくりになっているのでしょう。文楽人形《ぶんらくにんぎょう》ならではの独特《どくとく》のしくみや動かし方を見てみましょう。

人形の大きさ

人形の背《せ》の高さは百三十〜百五十センチくらいです。首《かしら》の大きさとくらべるとかなり背《せ》が高く、八頭身《とうしん》以上《いじょう》あります。重さは軽い女方《おんながた》（女性《じょせい》の役）の人形でも三キロから五キロほど、時代物《じだいもの》の立役《たちやく》（男性《だんせい》の役）は八キロほどで、なかには十キロをこえるものもあります。

人形たちとのスリーショット。

人形の体はこうなっている

胴《どう》

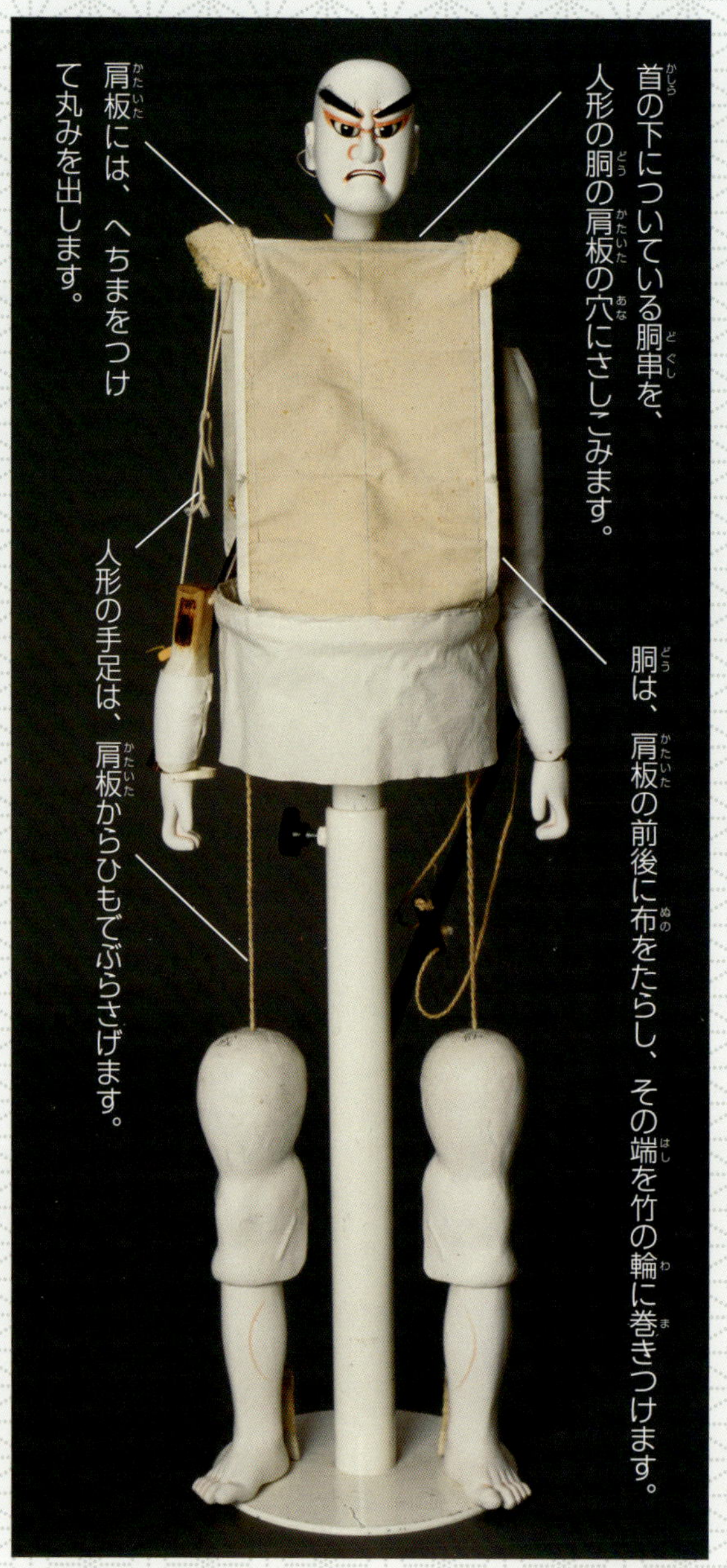

首《かしら》の下についている胴串《どぐし》を、人形の胴《どう》の肩板《かたいた》の穴《あな》にさしこみます。

胴《どう》は、肩板《かたいた》の前後に布《ぬの》をたらし、その端《はし》を竹の輪《わ》に巻《ま》きつけます。

肩板《かたいた》には、へちまをつけて丸みを出します。

人形の手足は、肩板《かたいた》からひもでぶらさげます。

衣裳《いしょう》やかつらをつける前の立役人形《たちやくにんぎょう》。

手

手を開いたり、とじたりするしかけは、右手のもとのほうにあります。左手は「差金《さしがね》」とよばれる棒《ぼう》を使って動かします。

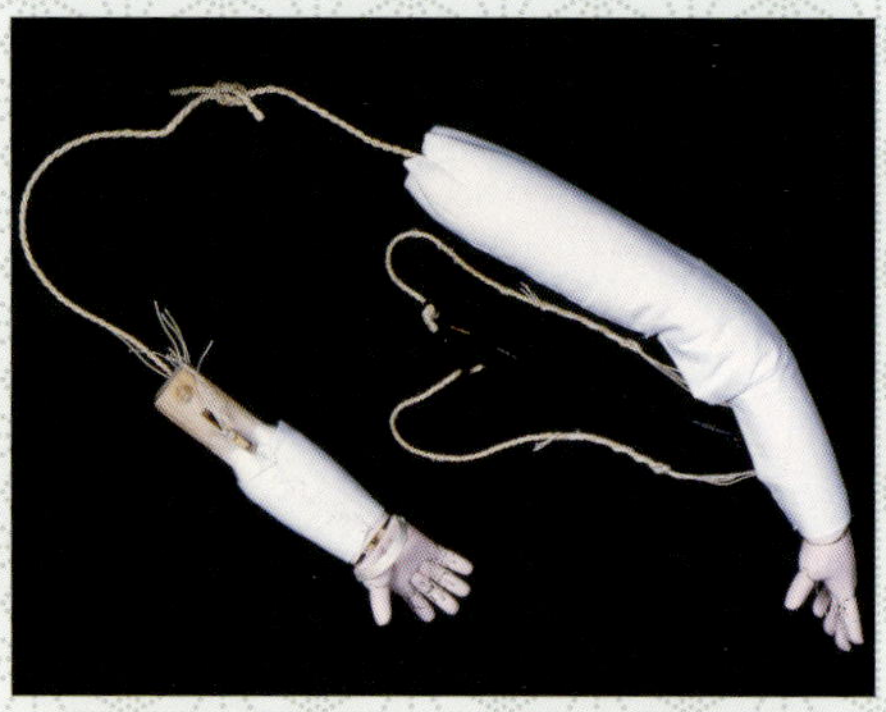

足

あやつるための「足金《あしがね》」という金具をにぎって動かします。

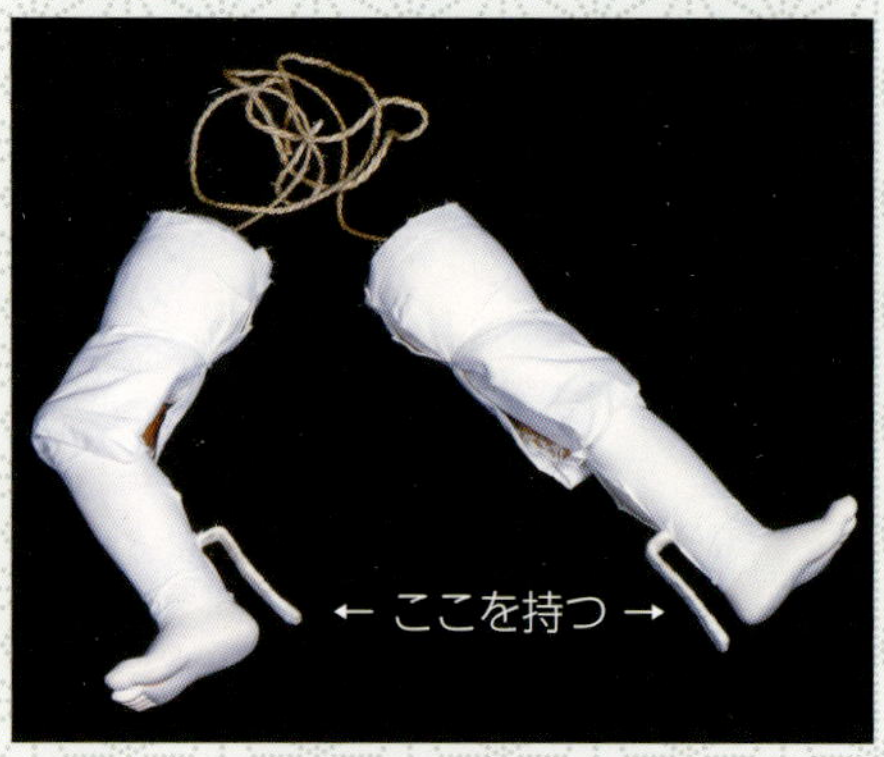

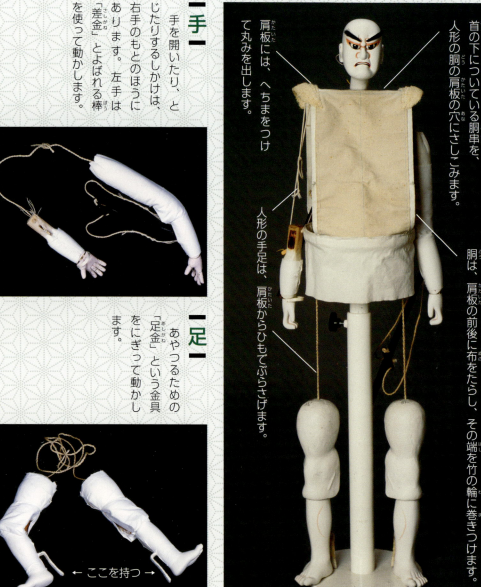

首《かしら》・手の動かし方

【首《かしら》を動かす】

胴串《どぐし》の前方にある首《かしら》を動かすしかけ（チョイ）を上下すると、首《かしら》がうなずく動作をします。この動きはバネを利用《りよう》したもので、バネには鯨《くじら》のひげを使っています。

【胴串《どぐし》】主遣《おもづか》いが左手でにぎります。

【チョイ】胴串《どぐし》の前方にあるチョイを上下すると、三味線《しゃみせん》の糸でつながった首《かしら》がうなずく動作をします。

【小ザル】左手の指で操作《そうさ》して、目・眉《まゆ》・口などを動かします。

胴串《どぐし》を持ち、首《かしら》のなかにある糸を引っぱると、頭が上をむき、ゆるめると下をむきます。

【手を動かす】

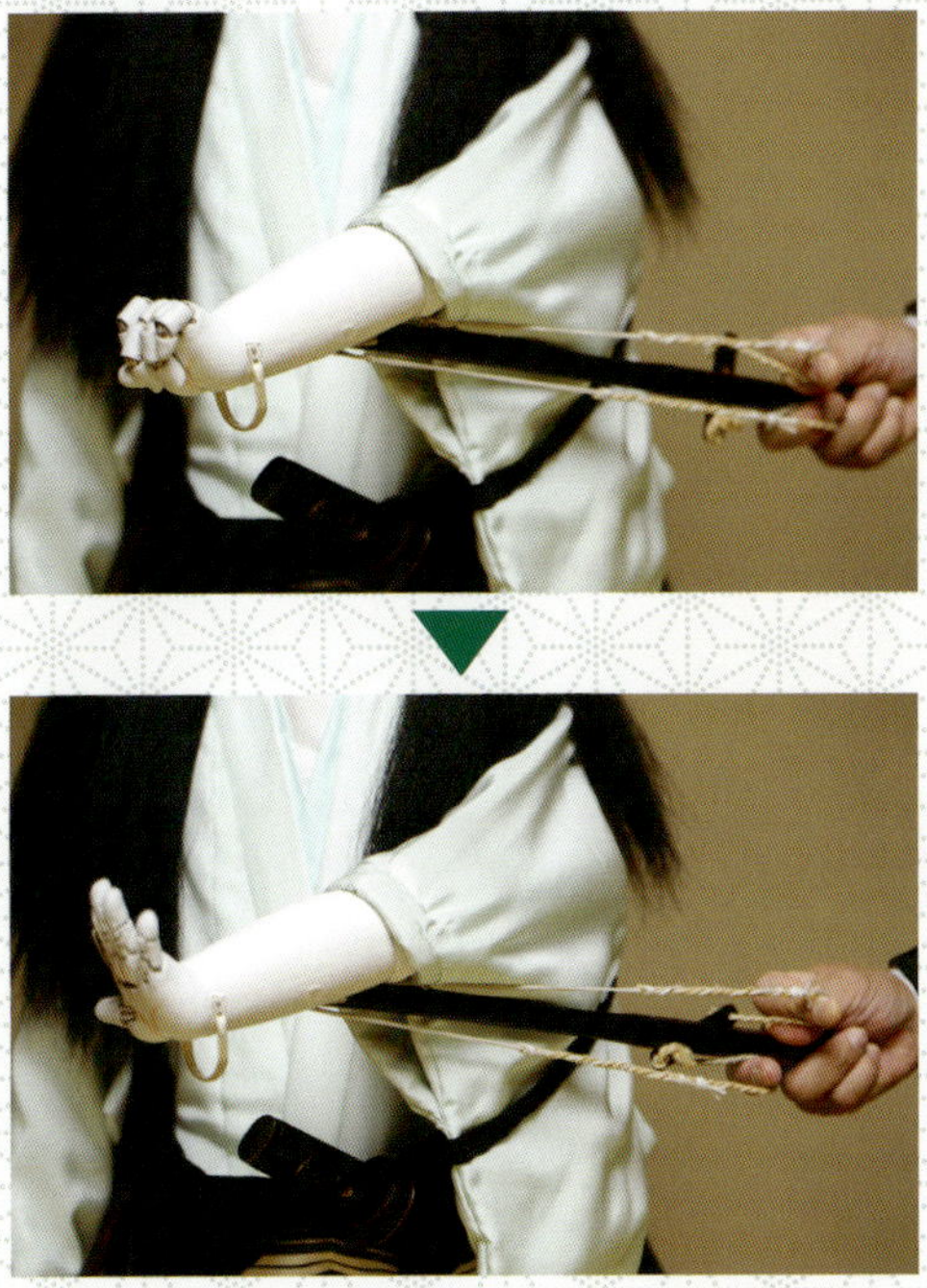

左手につながった差金《さしがね》で手の位置《いち》を決め、手前に引くと手が開きます。

文楽人形独特《ぶんらくにんぎょうどくとく》の型《かた》と振《ふ》り

文楽人形《ぶんらくにんぎょう》の動きには、人間にはまねのできない姿《すがた》を表現《ひょうげん》する、人形ならではの独特《どくとく》の型《かた》や振《ふ》りがあります。

後振《うしろぶ》り

女方《おんながた》を代表する美しい型《かた》で、後《うし》ろ姿《すがた》の人形が左をふりかえるように大きく体をそらします。主遣《おもづか》いは人形の右手を左遣《ひだりづか》いにあずけ、片手《かたて》だけで人形全体の姿勢《しせい》をつくりだします。人間にはとてもできない姿勢《しせい》です。

団七走《だんしちばし》り

男の人形が手を大きく開いて腕《うで》をのばし、三味線《しゃみせん》と大鼓《おおつづみ》、小鼓《こつづみ》の演奏《えんそう》にのって豪快《ごうかい》に走ります。「尼《あま》が崎《さき》の光秀《みつひで》」（『絵本太功記《えほんたいこうき》』）や「逆艪《さかろ》の樋口《ひぐち》」（『ひらかな盛衰記《せいすいき》』）で、この団七走《だんしちばし》りが見られます。力強さを強調した型《かた》です。

韋駄天《いだてん》

ひじを曲げて団七走《だんしちばし》りのように走りますが、さらにスピード感があります。「泥場《どろば》の団七《だんしち》」（『夏祭浪花鑑《なつまつりなにわかがみ》』）や「すしやの権太《ごんた》」（『義経千本桜《よしつねせんぼんざくら》』）で韋駄天《いだてん》が見られます。

カンヌキ

両腕《りょううで》を左右に大きくひろげて、立ちはだかるような姿勢《しせい》をします。文楽独特《ぶんらくどくとく》の豪快《ごうかい》な型《かた》です。

【基礎知識編《きそちしきへん》】

黒衣姿《くろごすがた》の人形遣《にんぎょうつか》いのしごと

黒い衣裳《いしょう》を着て、黒い頭巾《ずきん》をすっぽりかぶった、全身黒ずくめの服のことを「黒衣《くろご》」とよびます。黒衣姿《くろごすがた》の人形遣《にんぎょうつか》いは、舞台《ぶたい》で人形を遣《つか》うほかにも、いろいろなしごとをします。

むかしから、舞台《ぶたい》では黒は見えないものという約束《やくそく》があるので、黒衣姿《くろごすがた》の人々《ひとびと》は、そこにいるのにいない、まるで透明人間《とうめいにんげん》のようなはたらきをしています。黒い衣裳《いしょう》に黒い頭巾《ずきん》をかぶることによって、人形遣《にんぎょうつか》いの姿《すがた》は消え、人形をひきたたせて、まるで人形が自分の意思で動いているように見せているのです。

黒衣《くろご》は、主遣《おもづか》い以外《いがい》の人形遣《にんぎょうつか》いのほかにも、床《ゆか》にかかわるしごとをする「床《ゆか》世話《せわ》」の人たちなど、客席《きゃくせき》から見えない場所でも舞台《ぶたい》を支《ささ》えています。

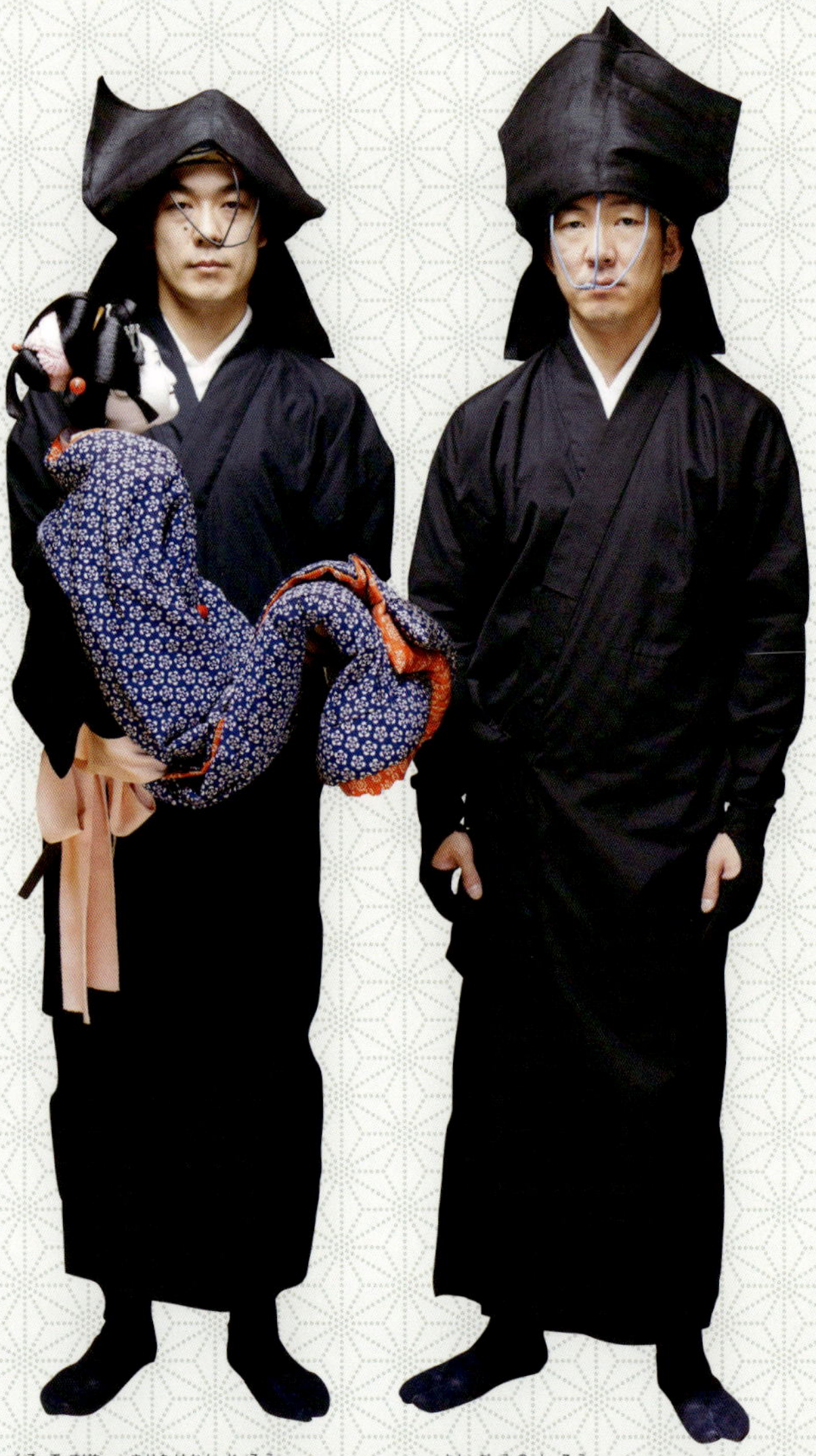

黒衣姿《くろごすがた》の桐竹勘次郎《きりたけかんじろう》さん（左）、吉田蓑紫郎《よしだみのしろう》さん（右）。

黒衣《くろご》の衣裳《いしょう》

黒の長着《ながぎ》を着て、黒の頭巾《ずきん》をかぶります。顔を全部おおってしまいますが、舞台《ぶたい》は明るいので頭巾《ずきん》のなかからでもちゃんと見えます。頭巾《ずきん》は手づくりです。顔の前にたれる部分が顔についてしまわないよう、手づくりの面をつけてから頭巾《ずきん》をかぶります。

演目《えんもく》・出演者《しゅつえんしゃ》を紹介《しょうかい》する

幕《まく》が開くと、黒衣姿《くろごすがた》の人形遣《にんぎょうつか》いが柝《き》（拍子《ひょうし》木《ぎ》）を鳴らして、「とざい、とーざい、このところ曽根崎心中《そねざきしんじゅう》、天神《てんじん》の森《もり》の段《だん》、相《あい》つとめます太夫《たゆう》、竹本《たけもと》◯太夫《だゆう》～、三味線《しゃみせん》、鶴沢《つるざわ》しゃみざ～」などと、調子をつけて演目《えんもく》と出演者《しゅつえんしゃ》を紹介《しょうかい》します。これを口上《こうじょう》といいます。

舞台《ぶたい》がはじまる前に、演目《えんもく》や太夫《たゆう》、三味線弾《しゃみせんひ》きの紹介《しょうかい》をします。

盆《ぼん》を回す

床《ゆか》のまんなかには、直径《ちょっけい》二メートル七十センチほどの回転する丸い台（盆《ぼん》）がとりつけられています。太夫《たゆう》と三味線弾《しゃみせんひ》きが登場するとき、裏《うら》で盆《ぼん》を回すのは床世話《ゆかせわ》さんのしごとです。

太夫《たゆう》と三味線弾《しゃみせんひ》きは、舞台裏《ぶたいうら》で盆《ぼん》の上に座《すわ》って出番を待ちます。登場するさいには、太夫《たゆう》のかけ声を合図に、床世話《ゆかせわ》さんが時計と反対回りに盆《ぼん》を回します。太夫《たゆう》、三味線弾《しゃみせんひ》きと、盆《ぼん》を回す床世話《ゆかせわ》さんの息がぴったり合わないと、盆《ぼん》の上の二人がゆらいだり、かたむいたりしてしまいます。

盆《ぼん》を回す床世話《ゆかせわ》さん（左）。

「介錯《かいしゃく》」をする

文楽《ぶんらく》の人形は三人で遣《つか》いますが、細かい手の動きが必要《ひつよう》な小道具《こどうぐ》のあつかいなどで手が足りないこともあります。

そんなとき、黒衣姿《くろごすがた》で人形遣《にんぎょうつか》いに小道具《こどうぐ》をわたしたり、かたづけたりして手伝《てつだ》うことを「介錯《かいしゃく》」といいます。舞台《ぶたい》そでにある小幕《こまく》をあけしめするのも介錯《かいしゃく》の役目です。

芝居《しばい》のなかで、人形が力強く走ったり、ポーズを決めたりするときに、リズミカルに柝《き》を打つのも黒衣《くろご》のしごとです。柝《き》の音《おと》に合わせて動く人形は、かっこよさが倍増《ばいぞう》します。

介錯《かいしゃく》は若《わか》い人形遣《にんぎょうつか》いのしごとで、こういうところからはじめて、しだいに経験《けいけん》をつんでいきます。

コラム

人形遣《にんぎょうつか》いの修行《しゅぎょう》

人形遣《にんぎょうつか》いは、むかしから、「足十年、左十年」といわれています。師匠《ししょう》に弟子入《でしい》りしたといっても、「何年修行《しゅぎょう》したら、主遣《おもづか》いになれる」といった約束《やくそく》ごとはありません。まずは足遣《あしづか》いからはじめて、師匠《ししょう》や先《せん》輩《ぱい》たちの芸《げい》を見ながらおぼえていきます。修行《しゅぎょう》はきびしいものですが、足遣《あしづか》い、左遣《ひだりづか》いのそれぞれの役割《やくわり》を的確《てきかく》にこなしながら、一歩ずつ主遣《おもづか》いに近づいていきます。

主遣《おもづか》い、左遣《ひだりづか》い、足遣《あしづか》いの三人の気持ちが一つになることで、はじめて人形に命がやどります。そして、人間以上《いじょう》に人間らしい動きを見せて人々《ひとびと》を感動させるのです。

【基礎知識編《きそちしきへん》】

首《かしら》のいろいろ

人形の頭の部分を「首《かしら》」といいます。首《かしら》は、芝居《しばい》の役の数ほど、たくさんの種類《しゅるい》があるわけではなく、一つの首《かしら》をいくつもの役にもちいます。代表的《だいひょうてき》な首《かしら》を紹介《しょうかい》しましょう。

首《かしら》の顔には表情《ひょうじょう》はありませんが、目や眉《まゆ》や口が動くものもあります。ここぞというときに、より目にしたり、眉《まゆ》をあげたりします。役柄《やくがら》によって首《かしら》の色をぬりかえたり、髪形《かみがた》を変《か》えたり、あとは人形遣《にんぎょうつか》いの動かし方で心の動きや情《じょう》をあらわします。

立役《たちやく》（男性《だんせい》の役）の首《かしら》

文七《ぶんしち》

時代物《じだいもの》の主役の首《かしら》。眉《まゆ》や目が動きます。『絵本太功記《えほんたいこうき》』の武智光秀《たけちみつひで》、『伊賀越道中双六《いがごえどうちゅうすごろく》』の唐木政右衛門《からきまさえもん》、『菅原伝授手習鑑《すがわらでんじゅてならいかがみ》』の松王丸《まつおうまる》など、悲劇《ひげき》の主人公に使われます。

検非違使《けんびし》

時代物《じだいもの》・世話物《せわもの》を問わずに幅広《はばひろ》く使われる首《かしら》。意志《いし》の強い善人《ぜんにん》に使われ、敵役《かたきやく》には使いません。

『近江源氏先陣館《おうみげんじせんじんやかた》』の佐々木《ささき》盛綱《もりつな》、『菅原伝授手習鑑《すがわらでんじゅてならいかがみ》』の武部源蔵《たけべげんぞう》などに使われます。

孔明《こうめい》

文七《ぶんしち》や検非違使《けんびし》より上の、四十代後半から五十代くらいの、聡明《そうめい》で気品のある主役級の首《かしら》です。しかけは、ねむり目（目をとじる）。

『仮名手本忠臣蔵《かなてほんちゅうしんぐら》』の大星《おおぼし》由良《ゆらの》助《すけ》、『菅原伝授手習鑑《すがわらでんじゅてならいかがみ》』の菅丞相《かんしょうじょう》などに使われます。

源太《げんだ》

元服《げんぷく》（成人《せいじん》になったことを示《しめ》す儀式《ぎしき》）後《ご》の青年や、二《に》枚目役《まいめやく》に使われる首《かしら》。『ひらかな盛衰記《せいすいき》』の梶原源太《かじわらげんだ》、『心中天網島《しんじゅうてんのあみじま》』の治兵衛《じへえ》、『冥途の飛脚《めいどのひきゃく》』の忠兵衛《ちゅうべえ》などに使われます。

鬼一《きいち》

がんこで慈愛《じあい》のある老武士《ろうぶし》の首《かしら》。『鬼一法眼《きいちほうげん》三略巻《さんりゃくのまき》』の鬼一《きいち》、『仮名手本忠臣蔵《かなでほんちゅうしんぐら》』の加古川《かこがわ》本蔵《ほんぞう》などに使われます。

特殊《とくしゅ》な首《かしら》

動物の役は、多くはぬいぐるみの動物で登場しますが、『五天竺《ごてんじく》』という演目《えんもく》では、孫《そん》悟空《ごくう》や猪八戒《ちょはっかい》、沙悟浄《さごじょう》などの首《かしら》を使います。

孫悟空《そんごくう》

猪八戒《ちょはっかい》

コラム　性根《しょうね》を伝《つた》える首《かしら》

文楽《ぶんらく》の首《かしら》には表情《ひょうじょう》がありません。でも、目鼻立ちや顔の色などから、どういう人物かわかります。

顔の色は、白から薄卵《うすたま》、卵《たまご》、濃卵《こいたま》まであります。若《わか》い色男や女性《じょせい》は白ぬりにします。赤《あか》面《つら》の悪役もあります。

さまざまな性根《しょうね》（心の持ち方）をもった首《かしら》のなかから、役柄《やくがら》に合った首《かしら》を選《えら》びます（首《かしら》割《わ》り）。そして、人形遣《にんぎょうつか》いが首《かしら》の性根《しょうね》に息をふきこみ、役のもつ「情《じょう》」を表現《ひょうげん》します。

女方《おんながた》の首《かしら》はとくに個性《こせい》がなく、ぼんやりとした首《かしら》がつくられ、人形遣《にんぎょうつか》いの動かし方で心の動きをこまやかに表現《ひょうげん》します。その一方で、八汐《やしお》のような悪役の女方《おんながた》は、顔を薄卵《うすたま》にぬり、口や目が動き、悪の性根《しょうね》を伝《つた》えます。

女方《おんながた》の首《かしら》

娘《むすめ》

十八歳《さい》くらいまでの、主に未婚《みこん》の女性《じょせい》の首《かしら》。右の口もとに小さな針《はり》（口針《くちばり》）が打ってあります。（→P37）

八汐《やしお》

悪役の首《かしら》。目は左右に動き、口も意地悪そうに開きます。『伽羅先代萩《めいぼくせんだいはぎ》』の八汐《やしお》、『加賀《かが》見山旧錦絵《みやまこきょうのにしきえ》』の岩藤《いわふじ》などで使われます。

老女方《ふけおやま》

時代物《じだいもの》・世話物《せわもの》ともに娘《むすめ》より年上の、主に既婚《きこん》の女性《じょせい》の首《かしら》です。

びっくり！しかけのある首《かしら》

ふだんは美しい娘《むすめ》ですが、しかけ糸を引くと口がさけて目をむきだし、角《つの》を出します。美しい娘《むすめ》がとつぜん本《ほん》性《しょう》をあらわす首《かしら》です。『日高川入相花王《ひだかがわいりあいざくら》』の清姫《きよひめ》、『嫗山《こもちやま》姥《んば》』の八重桐《やえぎり》などで使われます。

婆《ばば》

五十歳以上《さいいじょう》の老女《ろうじょ》の首《かしら》。時代物《じだいもの》では白髪《しらが》を茶筅《ちゃせん》に結《ゆ》ってあります。

『菅原伝授手習鑑《すがわらでんじゅてならいかがみ》』の覚寿《かくじゅ》、『近江源氏先陣館《おうみげんじせんじんやかた》』の微妙《みみょう》、『本朝廿四孝《ほんちょうにじゅうしこう》』の勘助《かんすけ》の母など、重要《じゅうよう》な役柄《やくがら》が多く、世話物《せわもの》では白髪《しらが》まじりの貧《まず》しい老女《ろうじょ》に使われます。

お福《ふく》

おかしさを演《えん》じる三枚目《まいめ》の娘《むすめ》の首《かしら》。たれ目でふっくら赤いほほが元気さをあらわしています。腰元《こしもと》や下女に使われ、場面をやわらげます。

首《かしら》ができるまで

文楽《ぶんらく》では、およそ八十種類《しゅるい》、三百くらいの首《かしら》が使われています。昭和《しょうわ》二十年（一九四五年）の大阪大空襲《おおさかだいくうしゅう》で四《よ》ツ橋《ばし》の文楽座《ぶんらくざ》が焼《や》けおち、首《かしら》もほとんどが焼失《しょうしつ》してしまいました。その後、人形細工師《にんぎょうさいくし》の大江巳之助《おおえみのすけ》が失《うしな》われた首《かしら》をつくりなおし、文楽《ぶんらく》の復興《ふっこう》に貢献《こうけん》しました。現在《げんざい》もほとんど、その首《かしら》が使われています。巳《み》之助《のすけ》の没後《ぼつご》は、弟子《でし》たちによって技術《ぎじゅつ》が受けつがれています。

❶ 木取《きど》り・下絵

素材《そざい》の木はヒノキを使います。首《かしら》の下絵は、前面・背面《はいめん》の中央を頭から縦《たて》にまっすぐ通る線（正中線《せいちゅうせん》）を正確《せいかく》にとり、目、鼻の位置《いち》を書きこんでいきます。

❷ 彫《ほ》りこみ

下絵で見当をつけた目と鼻の位置《いち》を目あてに、彫《ほ》りを進めます。

❸ しかけ

彫《ほ》りが仕上がったら、耳の前で二つに割《わ》り、なかをくりぬき、からくりのしかけ（眉《まゆ》と目）をほどこします。

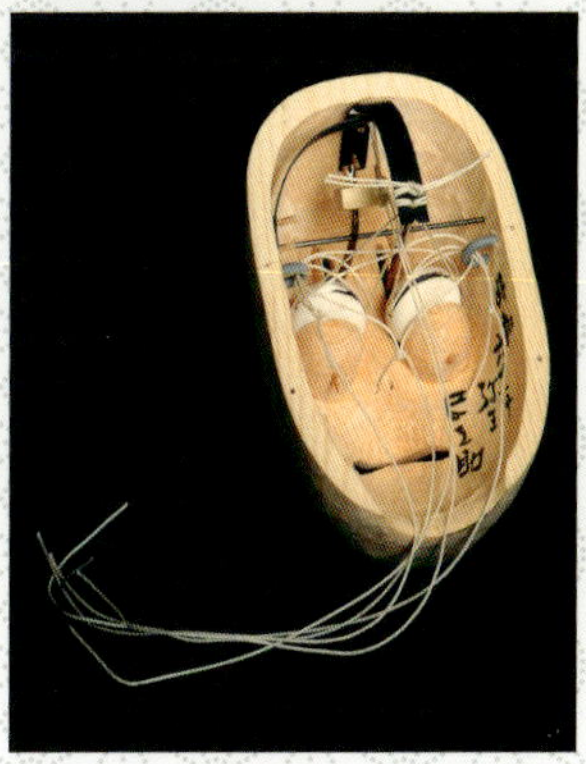

❹ しかけをつなぐ

首《かしら》と胴串《どぐし》を、のど木でつなぎます。

❺ 完成《かんせい》

全体が仕上がったら、貝がらをつぶした胡粉《ごふん》に、にかわをときまぜて何度もぬります。

同じ首《かしら》でも役によっては色をぬりかえます。

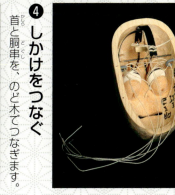

【基礎知識編《きそちしきへん》】

一度は見たい人気の演目《えんもく》

文楽《ぶんらく》の演目《えんもく》は、どれも登場人物の心を深く、こまやかに表現《ひょうげん》するのが醍醐味《だいごみ》です。義太夫節《ぎだゆうぶし》と人形が伝《つた》える「情《じょう》」を、じっくり味わいましょう。

時代物《じだいもの》

貴族《きぞく》や武士《ぶし》の事件《じけん》など、歴史的《れきしてき》な話をあつかった物語

菅原伝授手習鑑《すがわらでんじゅてならいかがみ》 （写真下）

「学問の神様」として知られる菅原道真《すがわらのみちざね》にかかわる話。当時、大坂《おおざか》で三つ子の誕生《たんじょう》が評判《ひょうばん》になっていたことから、松王丸《まつおうまる》、梅王丸《うめおうまる》、桜丸《さくらまる》という三つ子の兄弟を登場させ、物語に複雑《ふくざつ》にからませています。

三つ子のうち梅王丸《うめおうまる》は菅原道真《すがわらのみちざね》（菅丞相《かんしょうじょう》）に、桜丸《さくらまる》は天皇《てんのう》の弟に仕《つか》えていましたが、松《まつ》王丸《おうまる》だけは道真《みちざね》の政敵《せいてき》、藤原時平《ふじわらのしへい》の家来《けらい》になっていました。道真《みちざね》は、この時平《しへい》の策略《さくりゃく》で九州に流罪《るざい》になってしまいます。

親兄弟と対立する立場になり、苦悩《くのう》する松《まつ》王丸《おうまる》でしたが、道真《みちざね》の子を守るため、身代わりとしてわが子、小太郎《こたろう》をさしだすことで恩《おん》義《ぎ》を果《は》たします。小太郎《こたろう》が身代わりのために寺子屋《てらこや》に入門する「寺入《てらい》りの段《だん》」では、寺子《てらこ》たちの日常《にちじょう》がおもしろおかしく描《えが》かれます。続《つづ》く「寺子屋《てらこや》の段《だん》」は、松王丸夫妻《まつおうまるふさい》と小太郎《こたろう》のわかれが描《えが》かれ、ことに人気の高い場面です。

仮名手本忠臣蔵《かなでほんちゅうしんぐら》

赤穂浪士《あこうろうし》の討《う》ち入《い》りを題材《だいざい》とする作品。事件《じけん》は元禄《げんろく》十四年（一七〇一年）、江戸城松《えどじょうまつ》の廊下《ろうか》で、赤穂藩藩主《あこうはんはんしゅ》の浅野内匠頭《あさのたくみのかみ》が、吉良上《きらこう》野介《ずけのすけ》に斬《き》りつけたことからはじまります。

浅野《あさの》は切腹《せっぷく》、赤穂藩《あこうはん》はとりつぶしとなりますが、吉良《きら》にはなんのとがめもありませんでした。「喧嘩両成敗《けんかりょうせいばい》」を主張《しゅちょう》する浅野《あさの》の家臣《かしん》は、これを不服《ふふく》とし、翌年《よくとし》十二月に吉良《きら》の屋敷《やしき》をおそって仇討《あだう》ちします。

江戸《えど》時代《じだい》には赤穂《あこう》事件《じけん》をそのまま上演《じょうえん》することは禁《きん》じられていたので、内容《ないよう》を『太平《たいへい》記《き》』の世界に置《お》きかえ、登場人物の名前も変《か》えられています。浅野内匠頭《あさのたくみのかみ》は「塩谷判官《えんやはんがん》」、吉良上野介《きらこうずけのすけ》は「高師直《こうのもろのう》」、仇討《あだう》ちの中心人物、大石内蔵助《おおいしくらのすけ》は「大星由良助《おおぼしゆらのすけ》」という名前です。

国性爺合戦《こくせんやかっせん》 (写真左)

明《みん》(中国)と日本の血を受けつぐ和藤内《わとうない》(国性爺《こくせんや》)が、滅亡《めつぼう》の危機《きき》にある明《みん》を再興《さいこう》しようと中国にわたって活躍《かつやく》する、実話をもとにした作品。

人形の衣裳《いしょう》や建物《たてもの》などは中国風ですが、話の内容《ないよう》は義理《ぎり》や人情《にんじょう》の日本的世界《にほんてきせかい》を描《えが》いています。明《みん》にわたった和藤内《わとうない》は竹やぶで猛虎《もうこ》に出会います。和藤内《わとうない》と戦《たたか》い、最後《さいご》は日本のお札《ふだ》の威力《いりょく》でおとなしくなり、手なずけられる虎《とら》は着ぐるみです。若《わか》い人形遣《にんぎょうつか》いがなかに入って大あばれします。

義経千本桜《よしつねせんぼんざくら》 (写真下)

源平《げんぺい》の合戦《かっせん》で平家《へいけ》をほろぼした源義経《みなもとのよしつね》をめぐる人々《ひとびと》の話です。討《う》たれたはずの平家《へいけ》の武将《ぶしょう》、知盛《とももり》、維盛《これもり》、教経《のりつね》が実は生きていて、義経《よしつね》への復讐《ふくしゅう》をくわだてるという設定《せってい》です。

平知盛《たいらのとももり》は大物浦《だいもつのうら》(現在《げんざい》の兵庫県《ひょうごけん》)の船宿《ふなやど》の主人となり、船で九州にわたろうとやってきた義経一行《よしつねいっこう》を襲撃《しゅうげき》しますが失敗《しっぱい》。知盛《とももり》は、錨《いかり》を体に巻《ま》きつけて海に身を投げます。

平維盛《たいらのこれもり》がかくまわれている釣瓶鮓屋《つるべずしや》の場面では、勘当《かんどう》された鮓屋《すしや》の不良息子《ふりょうむすこ》、権太《ごんた》の忠《ちゅう》義心《ぎしん》からの行動が行きちがいをよび、悲しい結末《けつまつ》をまねきます。

吉野山《よしのやま》にいる義経《よしつね》をたずねていく静御前《しずかごぜん》のお伴《とも》の忠信《ただのぶ》は、実は狐《きつね》。忠信《ただのぶ》の狐《きつね》のような話し方やしぐさに注目です。義経《よしつね》が静《しずか》にあずけた初音《はつね》の鼓《つづみ》は、狐《きつね》の両親の皮でつくられたものでした。親を思う狐《きつね》の気持ちに心を動かされ、義経《よしつね》が鼓《つづみ》をあたえると、満開《まんかい》の桜《さくら》のなか、うれしそうに鼓《つづみ》をだいた狐《きつね》が、宙《ちゅう》をとんで帰っていきます。

コラム 狐忠信《きつねただのぶ》

『義経千本桜《よしつねせんぼんざくら》』に登場するぬいぐるみの白《しろ》狐《ぎつね》は、忠信《ただのぶ》に化《ば》けていたので、狐忠信《きつねただのぶ》の主遣《おもづか》いが白狐《しろぎつね》も遣《つか》います。尻尾《しっぽ》をかんだり、前足で首をかいたり、本物の狐《きつね》のように動きます。そして人間以上《にんげんいじょう》の情愛《じょうあい》で、鼓《つづみ》になった親を思う気持ちをあらわします。

妹背山婦女庭訓《いもせやまおんなていきん》（写真左）

横暴《おうぼう》をきわめ天皇《てんのう》の位《くらい》をねらう蘇我入鹿《そがのいるか》と、それに対抗《たいこう》する中大兄皇子《なかのおおえのおうじ》・藤原鎌足《ふじわらのかまたり》らの争《あらそ》いを中心に、さまざまな逸話《いつわ》を盛《も》りこみ、変化《へんか》にとんだストーリーが展開《てんかい》するスケールの大きな作品です。

三段目《だんめ》「妹山背山《いもやませやま》の段《だん》」では、敵対《てきたい》する家《いえ》柄《がら》に生まれた久我之助《こがのすけ》と雛鳥《ひなどり》の悲恋《ひれん》が描《えが》かれ、文楽版《ぶんらくばん》「ロミオとジュリエット」にたとえられます。舞台中央《ぶたいちゅうおう》を流れる吉野川《よしのがわ》、両岸には妹山《いもやま》と背山《せやま》。床《ゆか》も左右両側《さゆうりょうがわ》につくられ、太夫《たゆう》と三味線《しゃみせん》が妹山《いもやま》・背山《せやま》に分かれて、掛《か》け合《あ》いで演奏《えんそう》します。全山桜《ぜんざんさくら》で装《よそお》われる壮大《そうだい》な舞台《ぶたい》での悲劇《ひげき》です。

本朝廿四孝《ほんちょうにじゅうしこう》

戦国時代《せんごくじだい》の武田信玄《たけだしんげん》と長尾《ながお》（上杉《うえすぎ》）謙信《けんしん》の争《あらそ》いに、中国の『二十四孝《にじゅうしこう》』（親孝行《おやこうこう》な人物二十四人を集めた話）をとりいれた作品。

謙信《けんしん》の娘《むすめ》の八重垣姫《やえがきひめ》が、許婚《いいなずけ》の武田勝頼《たけだかつより》を助けるため、諏訪明神《すわみょうじん》の使い、狐《きつね》の霊《れい》がやどった諏訪法性《すわほっしょう》の兜《かぶと》を手に諏訪湖《すわこ》をわたっていく、「十種香《じゅしゅこう》の段《だん》」から「奥庭狐火《おくにわきつねび》の段《だん》」が最大《さいだい》の見所です。

赤い着物の八重垣姫《やえがきひめ》が、狐《きつね》が乗りうつったことで白地に狐火《きつねび》の模様《もよう》の着物に早変《はやが》わり。狐火《きつねび》がとぶなかを、ぬいぐるみの狐《きつね》とともに、はげしい動きをしながら湖をわたっていきます。

世話物《せわもの》

江戸時代《えどじだい》の町人の暮《く》らしのなかでおきた事件《じけん》をあつかった物語

つらい恋《こい》って、あこがれるわ
鼻水たれてるよ

女殺油地獄《おんなごろしあぶらのじごく》

あまやかされ、わがままいっぱいに育った油屋の息子、与兵衛《よへえ》。とうとう勘当《かんどう》されてしまいますが、それでも心配な親は、筋《すじ》むかいの同じ油屋、豊島屋《てしまや》の女房《にょうぼう》お吉《きち》に、与兵衛《よへえ》への金をたくします。

それでも金が足りずに、与兵衛《よへえ》はお吉《きち》に借《しゃっ》金《きん》をたのみますがことわられ、ついにお吉《きち》を殺《ころ》してしまいます。店の油が流れだし、すべったり転んだりしながらの殺《ころ》しの場面は、すさまじくもおそろしい迫力《はくりょく》があります。与兵衛《よへえ》の悪ぶりは今でもどこかにいそうな感じで、衝動的《しょうどうてき》な殺人《さつじん》のなりゆきに胸《むね》が痛《いた》みます。

曽根崎心中《そねざきしんじゅう》（写真左）

醤油屋《しょうゆや》の手代《てだい》・徳兵衛《とくべえ》と遊女《ゆうじょ》お初《はつ》が曽根崎《そねざき》の天神《てんじん》の森《もり》で心中《しんじゅう》した、実際《じっさい》の事件《じけん》をもとにした作品。事件《じけん》の一か月後に上演《じょうえん》されて大人気となり、その後の「心中物《しんじゅうもの》」流行のきっかけになりました。

お初《はつ》に心中《しんじゅう》の覚悟《かくご》をたずねられた徳兵衛《とくべえ》が、縁《えん》の下《した》にかくれながらお初《はつ》の足をとって自分ののどにあて、決意の固《かた》さを伝《つた》える場面は有名です。最後《さいご》に、曽根崎《そねざき》の天神《てんじん》の森《もり》での心中《しんじゅう》へとむかう道行《みちゆき》は、悲しく、美しく、魅《み》惑的《わくてき》です。「この世のなごり、夜《よ》もなごり、死にゆく身をたとふ《(う)》れば、あだしが原の道の霜《しも》……」名文として名高い詞《ことば》にみちびかれ、二人は心中《しんじゅう》にむかいます。

新版歌祭文《しんぱんうたざいもん》（写真下）

油問屋《あぶらどんや》の娘《むすめ》お染《そめ》が、奉公人《ほうこうにん》の久松《ひさまつ》と心中《しんじゅう》した実話をもとにした作品。お染久松物《そめひさまつもの》はすでにいくつかあったので、新しく書かれたという意味で「新版《しんぱん》」と名づけられました。

実家にもどされた久松《ひさまつ》は、育ての親の久作《きゅうさく》にすすめられ、その娘《むすめ》のお光《みつ》と結婚《けっこん》することになります。しかし久松《ひさまつ》を追ってお染《そめ》がやってくると、お光《みつ》は尼《あま》になって身を引きます。お染《そめ》と久松《ひさまつ》は、駕籠《かご》と舟《ふね》とに分かれて大坂《おおざか》に帰りますが、結局《けっきょく》、お染《そめ》は他家《たけ》への嫁入《よめい》りが決まり、久松《ひさまつ》と心中《しんじゅう》してしまうという悲劇《ひげき》です。

「野崎村《のざきむら》の段《だん》」は、お光《みつ》とお染《そめ》という年の変《か》わらない二人の娘《むすめ》の対比《たいひ》がおもしろく、笑《わら》いをさそいます。お染《そめ》と久松《ひさまつ》が大坂《おおざか》へ帰る段《だん》切《ぎり》（終わりの部分）の三味線《しゃみせん》の曲は、悲しくも華《はな》やかな名曲です。

近松門左衛門《ちかまつもんざえもん》と竹本義太夫《たけもとぎだゆう》

人形浄瑠璃《にんぎょうじょうるり》・文楽《ぶんらく》を大成《たいせい》させたのは、浄《じょう》瑠璃《るり》・歌舞伎作者《かぶきさくしゃ》の近松門左衛門《ちかまつもんざえもん》と、義太夫《ぎだゆう》節《ぶし》の太夫《たゆう》・竹本義太夫《たけもとぎだゆう》の力によります。

近松門左衛門《ちかまつもんざえもん》の作品は、時代物《じだいもの》七十九編《へん》、世話物《せわもの》二十四編《へん》、歌舞伎《かぶき》の作品も四十編《ぺん》ほどあります。圧倒的《あっとうてき》に多いのは時代物《じだいもの》ですが、現在《げんざい》くりかえし上演《じょうえん》されるのは『曽根崎心《そねざきしん》中《じゅう》』をはじめ、『心中天網島《しんじゅうてんのあみじま》』『冥途《めいど》の飛脚《ひきゃく》』『女殺 油 地獄《おんなごろしあぶらのじごく》』などの世話物《せわもの》が多いようです。

注目！こんな場面がおもしろい

むずかしいといわれている「文楽《ぶんらく》」ですが、数多くの演目《えんもく》のなかには、思わずふきだしてしまったり、ドキッとする場面もあります。そんな場面に出会えるのも文楽鑑賞《ぶんらくかんしょう》の楽しみの一つです。

人形だからできる大立ち回り!?

役の名がつかない「その他大勢《たおおぜい》」の人形のことをツメ人形といいます。とっくみあいのけんかの場面では、ツメ人形が宙《ちゅう》を舞《ま》いながら、くるっと一回転して落ちるほど大げさに投げとばされます。人形だからできる大胆《だいたん》な動きですね。

また、刀をまじえて争《あらそ》う立ち回りで、三、四人のツメ人形が切られてしまう場面があります。頭のてっぺんに刀をふりおろされて切られると、どうなるでしょう？　人形の顔が前後にぱっくり割《わ》れると、その断面《だんめん》は血で赤くなっていて、まん丸な目と鼻の穴《あな》があります。この首《かしら》のことを梨割《なしわり》といいます。残酷《ざんこく》な場面も、切られて足だけになって歩くこともあります。人形だとちょっとユーモラスで、笑《わら》いをさそいます。

木《き》の精《せい》や動物の化身《けしん》が登場

『鶴《つる》の恩返《おんがえ》し』のように鳥や動物にも人間と同じような心があるとされ、動物が登場する話もたくさんあります。日本では、草や木にも心があるとされていて、植物の恩返《おんがえ》しの物語もあります。

『卅三間堂棟由来《さんじゅうさんげんどうむなぎのゆらい》』では、切りたおされるところを助けられた柳《やなぎ》が、お柳《りゅう》という人間の姿《すがた》になって結婚《けっこん》し、子どもも生まれます。その柳《やなぎ》の精《せい》が、もとの柳《やなぎ》が切りたおされてしまうので、この世に生きていられなくなり、夫《おっと》や子どもとわかれるという話です。

『芦屋道満大内鑑《あしやどうまんおおうちかがみ》』という演目《えんもく》では、安倍晴明《あべのせいめい》の母は白狐《しろぎつね》の化身《けしん》であり、人間から狐《きつね》への早変《はやが》わりの場面は見どころです。

かわいいしぐさにほっこり

大きな事件《じけん》をテーマとする文楽《ぶんらく》ですが、芝居《しばい》のなかでは日常生活《にちじょうせいかつ》の一場面も表現《ひょうげん》します。

たとえば料理《りょうり》。『新版歌祭文《しんぱんうたざいもん》』野崎村《のざきむら》の段《だん》では、お光《みつ》が大すきな久松《ひさまつ》と結婚《けっこん》が決まり、幸せいっぱいでだいこんをきざみます。だいこんは本物を使っています。切ってしまいますから、毎日新しいだいこんを使います。うれしさのあまり、手がすべって指を切ってしまったりする細かな演出《えんしゅつ》も見どころです。

また、『菅原伝授手習鑑《すがわらでんじゅてならいかがみ》』茶筅酒《ちゃせんざけ》の段《だん》では、三つ子兄弟の末《すえ》の弟、桜丸《さくらまる》の女房八重《にょうぼうやえ》はまだ、ういういしい若妻《わかづま》。なれない手つきでだいこんを切ります。切り方一つで、使い手の心持ちやようすまであらわします。

迫力満点《はくりょくまんてん》の飛《と》び六方《ろっぽう》

歌舞伎《かぶき》とはちがい、文楽《ぶんらく》ではふつう花道《はなみち》は使いません。ところが、『勧進帳《かんじんちょう》』では、弁慶《べんけい》がいきおいよく花道《はなみち》を走りぬけます。文楽版《ぶんらくばん》の『勧進帳《かんじんちょう》』は、能《のう》の『安宅《あたか》』を歌舞伎《かぶき》に写したものを、さらに文楽化《ぶんらくか》したものです。能舞台《のうぶたい》のようなしつらえで、歌舞伎《かぶき》と同じような演出《えんしゅつ》で演《えん》じられます。床《ゆか》には太夫《たゆう》、三味線弾《しゃみせんひ》きがずらりとならび、弁慶《べんけい》は主遣《おもづか》い、左遣《ひだりづか》い、足遣《あしづか》い三人ともに出遣《でづか》いで、最後《さいご》は飛《と》び六法《ろっぽう》とともに特設《とくせつ》の花道《はなみち》を去っていきます。『勧進帳《かんじんちょう》』で、かならず花道《はなみち》を使うわけではありませんが、花道《はなみち》には手摺《てすり》がないので、足遣《あしづか》いの動きが見えて迫力満点《はくりょくまんてん》です。

火や水は本物を使う!?

上下にゆらゆれながら、舞台《ぶたい》に人魂《ひとだま》が飛《と》びます。『曽根崎心中《そねざきしんじゅう》』では、お初《はつ》と徳兵衛《とくべえ》が心中にむかう心情《しんじょう》を、本物の火がゆらめく人魂《ひとだま》によって盛《も》りあげます。『本朝廿四孝《ほんちょうにじゅうしこう》』の狐火《きつねび》も本物の火が使われ、あやしさをまします。

本物の水（本水《ほんみず》）が使われることもあります。夏の芝居《しばい》で有名な『国言詢音頭《くにことばくどきおんど》』では、主人公が五人斬《ごにんぎ》りをする凄惨《せいさん》な場面ののち、最後《さいご》に雨が降《ふ》ります。本当に、ざんざん降《ぶ》りの雨に見えますが、人形がぬれないように、舞台《ぶたい》の一の手摺《てすり》と二の手摺《てすり》のあいだの上部に設置《せっち》した、穴《あな》のあいたパイプから水を降《ふ》らします。

コミカルな演技《えんぎ》にも注目!

『寿式三番叟《ことぶきしきさんばそう》』は、能《のう》に由来《ゆらい》する格式《かくしき》ある演目《えんもく》で、お祝《いわ》いや、おめでたいときに演《えん》じられます。能《のう》と同じように、翁《おきな》の謡《うたい》、千歳《せんざい》の舞《まい》に続《つづ》き、翁《おきな》が天下泰平《てんかたいへい》、国土安穏《こくどあんのん》を祈《いの》って舞《ま》います。文楽《ぶんらく》でも人形なのに神格《しんかく》をえるために翁《おきな》が面《おもて》をつけます。

狂言方《きょうげんかた》が演《えん》じる後半の「鈴《すず》の段《だん》」は、文楽《ぶんらく》では二人の三番叟《さんばそう》が、きそいあうように速《はや》さをましながらリズミカルに舞台《ぶたい》を回ります。一人はこっそり休んでしまい、観客《かんきゃく》の笑《わら》いをさそいます。最後《さいご》は、はげましあいながら舞《ま》いおえ、五穀豊穰《ごこくほうじょう》を祈《いの》ります。

アクロバティックな演奏《えんそう》にくぎづけ

『関取千両幟《せきとりせんりょうのぼり》』の櫓太鼓《やぐらだいこ》の場面で見られる、三味線弾《しゃみせんひ》きのアクロバティックな演奏《えんそう》を「曲弾《きょくび》き」といいます。曲弾《きょくび》きとは、三味線《しゃみせん》を特殊《とくしゅ》な技巧《ぎこう》で弾《ひ》いたり、すごい速《はや》さで弾《ひ》いたりすることです。

三味線《しゃみせん》を頭の上に持ちあげたり、ばちを逆《さか》さにして弾《ひ》いたり、三味線《しゃみせん》の胴《どう》を上にして逆《さか》さにしたまま弾《ひ》いたり、ばちを棹《さお》の先にのせて、ほうりなげたり、つま弾《び》きながらばちで胴《どう》をたたいたりと、さまざまな趣向《しゅこう》で櫓太鼓《やぐらだいこ》を表現《ひょうげん》します。そのみごとさに、三味線弾《しゃみせんひ》きから目がはなせません。

衣裳《いしょう》 人形に合わせて特別《とくべつ》仕立《じた》て

役柄《やくがら》に合わせて「人形拵え《にんぎょうごしらえ》（人形に衣裳《いしょう》を着せること）」され、出番を待つ人形たち。人形には肉体がないので、ほとんどの衣裳《いしょう》には綿《わた》が入っています。

『新版歌祭文《しんぱんうたざいもん》』に登場する娘《むすめ》・お染《そめ》の衣裳一式《いしょういっしき》。背中《せなか》に人形遣《にんぎょうつか》いが手をさしいれる穴《あな》があいているのが特徴《とくちょう》です。

文楽人形《ぶんらくにんぎょう》の衣裳《いしょう》は、公演《こうえん》のたびに、人形遣《にんぎょうつか》いが自分の手で着つけます。

人形たちに着せる衣裳《いしょう》が整理されて棚《たな》におさめられています。

衣裳《いしょう》の重要《じゅうよう》な役割《やくわり》

役の性格《せいかく》をあらわすために、それぞれの人形には、おおよその衣裳《いしょう》が決まっています。

演目《えんもく》が決まると、役に合わせて衣裳《いしょう》をそろえます。着物だけでなく、羽織《はおり》、袴《はかま》、下着、帯《おび》などの小物《こもの》も、役ごとにそろえて人《にん》形遣《ぎょうつか》いにとどけます。

人形の内部は空洞《くうどう》なので、衣裳《いしょう》には綿《わた》を入れて形をつくりやすくしています。

衣裳《いしょう》さんのしごと

人形の衣裳《いしょう》を整えるのが、衣裳《いしょう》さんのしごとです。人形は、大きなものでも身長百五十センチ程度《ていど》なので、人間の着物より少し小さめにつくります。着物の色や柄《がら》を指定して、特別《とくべつ》に染《そ》めたり、織《お》ったりしてもらいます。

役柄《やくがら》の性別《せいべつ》や年齢《ねんれい》、身分、境遇《きょうぐう》、性格《せいかく》にぴったりの着物を選《えら》びます。

郵便はがき

料金受取人払郵便

牛込局承認

7148

差出有効期間
2022年7月31日
(期間後は切手を
おはりください。)

162-8790

東京都新宿区市谷砂土原町 3-5
偕成社 愛読者係 行

ご住所	〒□□□-□□□□ 都・道 府・県		
	フリガナ		
お名前	フリガナ	お電話	

●ロング&ベストセラー目録の送付を [希望する ・ 希望しない]

●新刊案内をご希望の方 メールマガジンでご対応しております。メールアドレスをご記入ください。

@

※偕成社の本は、全国の書店でおとりよせいただけます。

※小社から直接ご購入いただくこともできますが、その際は本の代金に加えて送料+代引き手数料(300円〜600円)を別途申し受けます。あらかじめご了承ください。ご希望の際は 03-3260-3221 までお電話ください。

LINE、Instagram、Twitter、Facebook でも本の情報をお届けしています。
くわしくは偕成社ホームページをご覧ください。

オフィシャルサイト
偕成社ホームページ
http://www.kaiseisha.co.jp/

偕成社ウェブマガジン
kaisei web
http://kaiseiweb.kaiseisha.co.jp/

＊ご記入いただいた個人情報は、お問い合わせへのお返事、目録の送付、新刊・企画などのご案内以外の目的には使用いたしません。

★ ご愛読ありがとうございます ★

今後の出版の参考のため、皆さまのご意見・ご感想をお聞かせください。

●この本の書名『　　　　　　　　　　　　　　　　　　　　　　　　』

●ご年齢（読者がお子さまの場合はお子さまの年齢）　　　　　　歳（ 男 ・ 女 ）

●この本の読者との続柄（例：父、母など）

●この本のことは、何でお知りになりましたか？

1. 書店　2. 広告　3. 書評・記事　4. 人の紹介　5. 図書室・図書館　6. カタログ

7. ウェブサイト　8. SNS　9. その他（　　　　　　　　　　　　　　　　　　　　）

ご感想・ご意見・作者へのメッセージなど。

ご記入のご感想を、匿名で書籍の PR やウェブサイトの感想欄などに使用させていただいてもよろしいですか？　〔はい・いいえ〕

衣裳《いしょう》の仕立《した》て

衣裳《いしょう》は、公演《こうえん》のはじまる三、四か月前から製作《せいさく》にとりかかります。演目《えんもく》や配役《はいやく》が決まると、新しい衣裳《いしょう》の仕立《した》て、補修《ほしゅう》など、衣裳部屋《いしょうべや》は大いそがしです。

仕立《した》ての基礎《きそ》は和裁《わさい》ですが、文楽衣裳独特《ぶんらくいしょうどくとく》の工夫《くふう》や約束《やくそく》ごとがたくさんあります。

衣裳《いしょう》の管理《かんり》

数多くある衣裳《いしょう》の管理《かんり》も衣裳《いしょう》さんの大切なしごとです。いつでも、とりだせるように、きちんと整理されています。

演目《えんもく》が決まったら、それぞれの人形の役柄《やくがら》におうじた衣裳《いしょう》を選《えら》びだします。

ミニ知識《ちしき》 人形用の衣裳《いしょう》の工夫《くふう》

着物の仕立《した》て方《かた》にも特徴《とくちょう》があります。後《うし》ろ身頃《みごろ》には人形遣《にんぎょうつか》いが手をさしいれる穴《あな》があいています。また手を動かすために、男の着物でも身八《みや》つ口《くち》（着物のわきにある切れ目）があります。ほかにも後ろと前の身頃《みごろ》のあいだにマチを入れ、すそ幅《はば》を広くして、人形の振《ふ》りをきれいに見せています。

人形はすべて、がんじょうな行李《こうり》に入れて運ばれます。

使いおわった衣裳《いしょう》は、衣裳部屋《いしょうべや》に保管《ほかん》します。衿《えり》、しごき（腰帯《こしおび》）、たすき、前かけ、手甲《てっこう》、笈摺《おいずる》（巡礼《じゅんれい》のとき着物の上に着る）などの付属品《ふぞくひん》もいっしょです。衣裳《いしょう》の新調や、修理《しゅうり》するのも、衣裳《いしょう》さんのしごとです。

ミニインタビュー 「一番大変《たいへん》なのは、生地《きじ》の調達《ちょうたつ》ですね」

国立文楽劇場《こくりつぶんらくげきじょう》
文楽技術室《ぶんらくぎじゅつしつ》 衣裳《いしょう》
米田真由美《こめだまゆみ》 さん

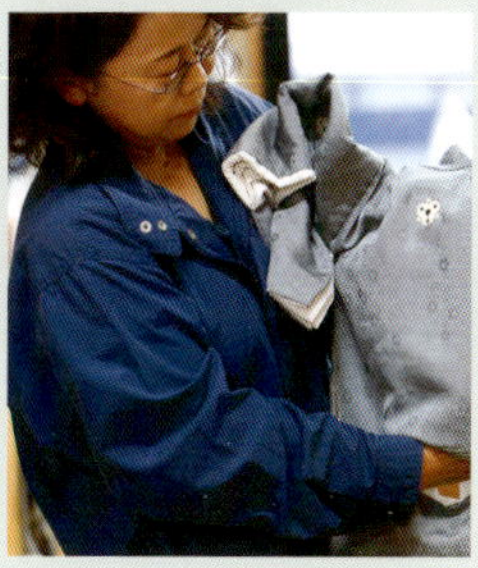

文楽劇場《ぶんらくげきじょう》の衣裳部屋《いしょうべや》で、てきぱきとしごとを進めている、衣裳担当《いしょうたんとう》の米田真由美《こめだまゆみ》さん。衣裳部屋《いしょうべや》に置《お》かれている膨大《ぼうだい》な衣裳《いしょう》を保管《ほかん》、管理《かんり》するのも米田《こめだ》さんたち衣裳担当《いしょうたんとう》のしごとです。

数多くある衣裳《いしょう》のなかでも、人気の演目《えんもく》の場合は使用頻度《しようひんど》も多いため、年に一度新調するものもあるそうです。そこで大変《たいへん》なのが生地《きじ》の調達《ちょうたつ》です。衣裳《いしょう》の形、模様《もよう》、色などで役柄《やくがら》をあらわしますが、厳密《げんみつ》な時代考証《じだいこうしょう》よりも、舞台効果《ぶたいこうか》を重視《じゅうし》することもあるといいます。けれども「役柄《やくがら》に合った衣裳《いしょう》を再現《さいげん》することを心がけたい」と米田《こめだ》さん。現在《げんざい》では使われていない素材《そざい》もあるので、古着屋さんをまわって生地《きじ》をさがしたりすることもあるそうです。舞台《ぶたい》でかがやく人形たちの美しい衣裳《いしょう》は、舞台裏《ぶたいうら》ではたらく衣裳《いしょう》さんたちが支《ささ》えているのです。

【支《ささ》える人たち編《へん》】

首係《かしらがかり》 公《こう》演《えん》に合わせてぬりかえる

細い面相筆《めんそうふで》を使って、役者が化粧《けしょう》をするように眉《まゆ》や目もとを墨《すみ》でかきます。

刷毛《はけ》を使って、胡粉《ごふん》を顔全体にのばすようにぬっていきます。首《かしら》は公演《こうえん》ごとにぬりかえます。

手足をぬる

人形の手足のほとんどは、人形遣《にんぎょうつか》いが所有しています。配役《はいやく》が決まると、遣《つか》う首《かしら》におうじた手足を用意して、それを首係《かしらがかり》が首《かしら》に合わせてぬりなおします。

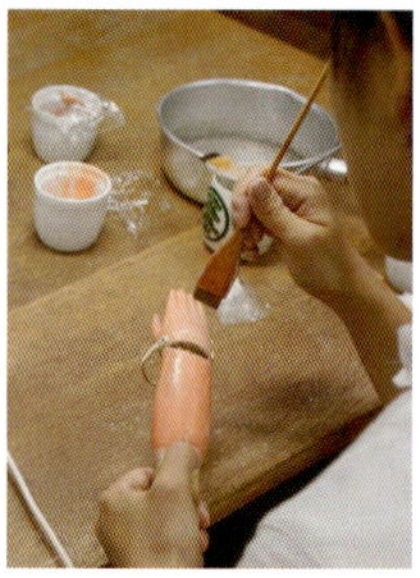

【顔料《がんりょう》と刷毛《はけ》】

胡粉《ごふん》（貝殻《かいがら》を粉末《ふんまつ》にした顔料《がんりょう》）と、にかわ（動物の骨《ほね》から煮《に》だしたゼラチン）を合わせて、白い塗料《とりょう》をつくります。

顔や手足をぬるための刷毛《はけ》。ぬる部分や色に合わせて使いわけます。

首係《かしらがかり》のしごと

国立文楽劇場《こくりつぶんらくげきじょう》には、首係《かしらがかり》が作業するための部屋があり、首《かしら》もそこにしまわれています。

首係《かしらがかり》のしごとは、主に公演前《こうえんまえ》の首《かしら》や手足を点検《てんけん》し、修理《しゅうり》やぬりかえをします。また、公演中《こうえんちゅう》の人形がよごれたり、こわれてしまったときは、次の出番までに修理《しゅうり》をしなければならないので、芝居中《しばいちゅう》は、保健室《ほけんしつ》の先生のように待機《たいき》しています。そのあいだに次の公演《こうえん》の準備《じゅんび》をしたり、新しく首《かしら》や手足をつくることもあります。

公演《こうえん》ごとにぬりかえられる首《かしら》

人形の首《かしら》のほとんどは、国立文楽劇場《こくりつぶんらくげきじょう》が所有していて、約《やく》八十種類《しゅるい》、三百二十点ほどあります。公演《こうえん》が決まると、人間の役者と同じように、首《かしら》の配役《はいやく》を決めます。これを「首割《かしらわ》り」といいます。使用する首《かしら》が決まると、役に合わせて色をぬりかえます。

ぬりかえに使う塗料《とりょう》は、胡粉《ごふん》と、にかわ

変身《へんしん》する首《かしら》

美しい姿《すがた》から、とつぜん本性《ほんしょう》をあらわして角《つの》がとびだすしかけの首《かしら》のことを「ガブ」といいます。

きれいなお姫様《ひめさま》だった首《かしら》が……

鬼《おに》の形相《ぎょうそう》に！

【しかけを見ると】

耳の後ろで二つに割《わ》って、中身をくりぬき、目、角《つの》、口などのカラクリをしこみます。

糸をゆるめた状態《じょうたい》のときは、目はとじ、角《つの》は短くなっています。

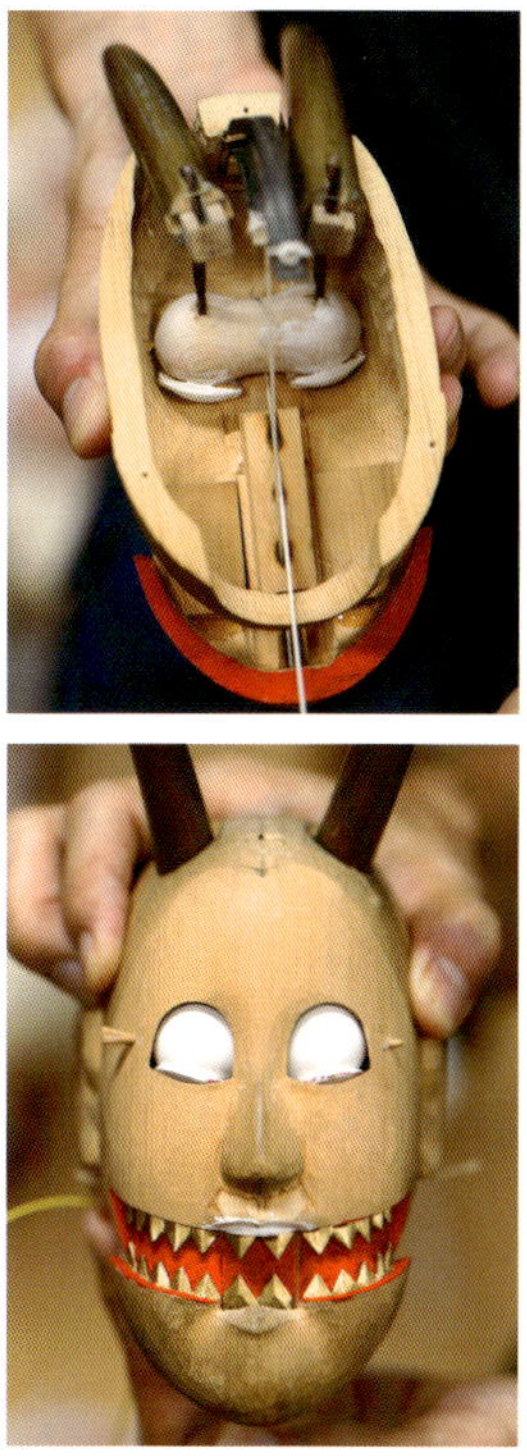

糸を引くと、目を見開き、口がさけて、角《つの》がとびだします。

をねりあわせてつくる白色や、白色にベンガラ（酸《さん》化《か》鉄《てつ》の粉《こな》）をまぜて、「たまご」とよばれる、うすだいだい色を使います。悪役や力強い役には、ベンガラを多くして日《ひ》焼《や》けしたような赤茶色にするなど、役の性《しょう》根《ね》や年齢《ねんれい》によって色を変《か》えます。

首《かしら》は公演《こうえん》ごとにぬりかえられ、かつらは釘《くぎ》で打ちつけられるので、しだいに傷《いた》んできます。そこで、およそ二十年ごとに胡粉《ごふん》をはがし、傷《いた》んだ木地《きじ》を埋《う》め木《き》したり、しかけを交換《こうかん》するなど、大がかりな修理《しゅうり》をします。このように大切に使用するので、首《かしら》は百年以上《いじょう》もさまざまな役を演《えん》じて、生きつづけることができるのです。

ミニ知識《ちしき》　口もとの針《はり》はなんのため？

客席《きゃくせき》からは見えませんが、女方《おんながた》の人形の口には針《はり》がついています。これを口針《くちばり》といいます。

ここに手ぬぐいや着物のそでを引っかけて、「くやしい！」と泣《な》く場面などを表現《ひょうげん》します。人形浄瑠璃《にんぎょうじょうるり》の舞台効果《ぶたいこうか》を高めるために工夫《くふう》された、小さいけれど重《じゅう》要《よう》な、一つの道具です。

ミニインタビュー　人形は舞台《ぶたい》で生かされることが大事

国立文楽劇場《こくりつぶんらくげきじょう》
文楽技術室《ぶんらくぎじゅつしつ》 首係《かしらがかり》
村尾《むらお》　愉《たのし》 さん

村尾《むらお》 愉《たのし》さんが文楽《ぶんらく》の世界に入ったのは、大学を卒業《そつぎょう》後《ご》の平成《へいせい》４年（1992 年）のこと。文楽劇場《ぶんらくげきじょう》が職員《しょくいん》を募集《ぼしゅう》しているのを知り、人形を見てみたいという理由からでした。

その後、国選定保存技術《くにせんていほぞんぎじゅつ》保持者《ほじしゃ》の四世大江巳之助《せいおおえみのすけ》氏（1907 ～ 1997）の指導《しどう》を受け、首《かしら》づくりのしごとをはじめました。

首係《かしらがかり》のしごとは、メンテナンスが中心ですが、新しい首《かしら》を製作《せいさく》することもあります。そんなとき、心にとめていることは、「まずは登場人物の性根《しょうね》をとらえてつくること。人形は、舞台《ぶたい》で人形遣《にんぎょうつか》いさんによって命がふきこまれます。つくるときに、わたしの我《が》が入ると、遣《つか》い手《て》のじゃまになります」と村尾《むらお》さん。

これからも、村尾《むらお》さんが準備《じゅんび》した首《かしら》が、人形遣《にんぎょうつか》いによって、舞台《ぶたい》の上でさまざまな表情《ひょうじょう》を見せることでしょう。

床山《とこやま》

役それぞれの髪《かみ》を結《ゆ》いあげる

髪形《かみがた》のバリエーションは、女性《じょせい》の髪形《かみがた》は四十種類《しゅるい》、男性《だんせい》が八十種類《しゅるい》あるといわれています。

結《ゆ》いあがったかつらをつけて出番を待つ首《かしら》たち。公演《こうえん》で使われる首《かしら》が壁《かべ》いっぱいにならべられています。1公演《こうえん》でだいたい50～60の首《かしら》が使われます。

台金《だいがね》にかつらの毛を結《むす》びつける

銅板《どうばん》を切りぬき、金づちなどで打ちだして土台となる台金《だいがね》をつくり、そこに「蓑毛《みのげ》」を縫《ぬ》いつけて、かつらを完成《かんせい》させます。

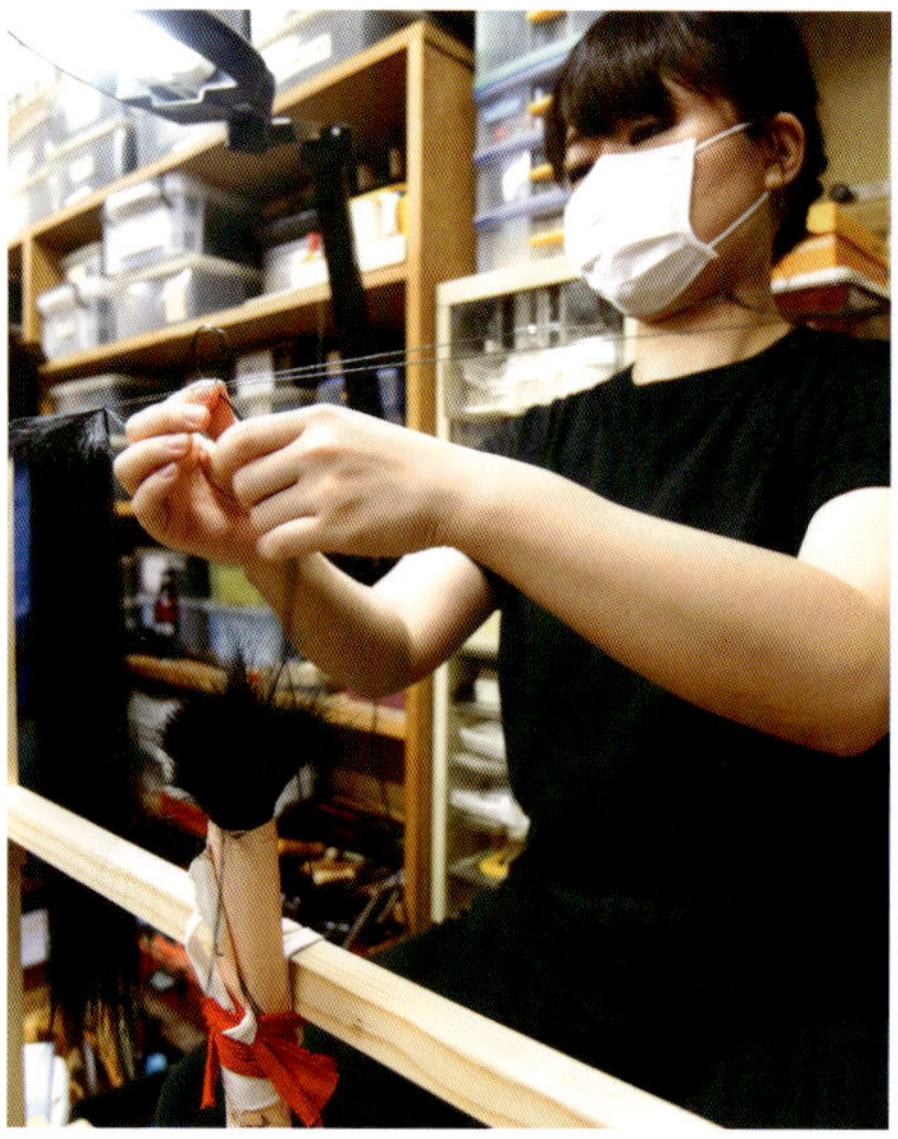

編《あ》み台《だい》を使って毛を小さい束《たば》にし、かつらの本体となる「蓑毛《みのげ》」をつくります。

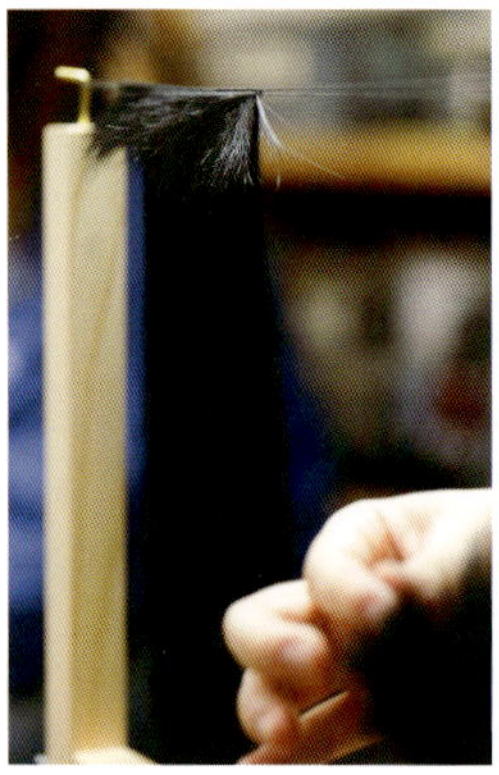

蓑毛《みのげ》は、二本の麻糸《あさいと》のあいだに、毛髪《もうはつ》を数本ずつ束《たば》にして結《むす》びつけて、のれんのようなものをつくります。

0.3ミリの銅板《どうばん》をたたいて人形の頭に合わせ、できた銅板《どうばん》に穴《あな》をあけて、蓑毛《みのげ》を縫《ぬ》いつけます。

床山《とこやま》さんのしごと

文楽《ぶんらく》の人形は、同じ首《かしら》を使っても、結《ゆ》う髪形《かみがた》でちがう性格《せいかく》の人物をあらわすことができます。髪形《かみがた》が、その役の身分、境遇《きょうぐう》、年齢《ねんれい》を象徴《しょうちょう》しているのです。

床山《とこやま》さんのしごとは、その髪形《かみがた》を結《ゆ》いあげることです。いったん結《ゆ》った髪《かみ》も、舞台《ぶたい》ではげしく動くと、ほつれたり、くずれたりするので、毎日結《ゆ》いなおします。そのため、床山《とこやま》さんは本公演《ほんこうえん》だけでなく、地方巡業《ちほうじゅんぎょう》などもいっしょに行きます。

役に合ったかつらづくり

髪《かみ》を結《ゆ》うだけでなく、役に合ったかつらをつくるのも文楽《ぶんらく》の床山《とこやま》さんのしごとです。首《かしら》や役柄《やくがら》に合わせた形に銅板《どうばん》を切り、その台金《だいがね》に髪《かみ》の毛《け》を植えつけて、かつらをつくります。

髪《かみ》の毛《け》には、主に人毛《じんもう》を使いますが、ほとんどが中国などから輸入《ゆにゅう》したものです。

役柄《やくがら》におうじた髪形《かみがた》を結《ゆ》う

文楽《ぶんらく》の床山《とこやま》さんは、かつらをつくる「かつら屋」と髪《かみ》を結《ゆ》う「床山《とこやま》」の、両方のしごとをします。

髪《かみ》を結《ゆ》いあげます。人形の首《かしら》にシミやよごれがつかないように、油を使わず結《ゆ》いあげます。

担当《たんとう》の高橋晃子《たかはしあきこ》さんと八木千江子《やぎちえこ》さん（右）。メンテナンスや次の公演《こうえん》の準備《じゅんび》のために、公演中《こうえんちゅう》は、かならず楽屋《がくや》に待機《たいき》しています。

女方《おんながた》の髷《まげ》のボリュームを出すには、チベットのヤク（ウシ科の動物）のしっぽの毛を使います。ヤクの毛は、ほかにも立役《たちやく》の大きな髪《かみ》や振《ふ》り毛《げ》に使われます。

人の髪《かみ》を結《ゆ》うときは鬢《びん》つけ油《あぶら》などを使いますが、文楽《ぶんらく》の人形では、胡粉《ごふん》（貝殻《かいがら》でつくった顔料《がんりょう》）をぬった首《かしら》をよごさないよう、油は使わずに結《ゆ》いあげます。武士《ぶし》のしっかりとした髪形《かみがた》でも、木蝋《もくろう》（ハゼの実からつくる天然《てんねん》のロウ）だけしか使いません。首《かしら》の髪《かみ》を結《ゆ》いあげるには、きわめて熟練《じゅくれん》した技術《ぎじゅつ》が必要《ひつよう》なのです。

コラム 人形の髪《かみ》かざり

髪《かみ》が結《ゆ》いあがると、女方《おんながた》のかつらには、かんざし、櫛《くし》、笄《こうがい》、手絡《てがら》などをつけます。とくに『壇浦兜軍記《だんのうらかぶとぐんき》』の阿古屋《あこや》のような傾城《けいせい》（最高位《さいこうい》の遊女《ゆうじょ》）のかつらには、前と後ろにかんざしを六本ずつ、笄《こうがい》、櫛《くし》三枚《まい》、松葉《まつば》かんざしと玉かんざしを二本ずつ、金の蝶々《ちょうちょう》かざり、銀のビラビラかんざしを額《ひたい》にかかるように二本、耳のあたりにも二本と、たくさんのかざりをつけます。

また、病気であることを示《しめ》す病鉢巻《やまいはちまき》も、床山《とこやま》さんの担当《たんとう》です。

ミニインタビュー 「髪《かみ》もいっしょに舞台《ぶたい》に立っている」という気持ちで結《ゆ》いあげる

国立文楽劇場《こくりつぶんらくげきじょう》
文楽技術室《ぶんらくぎじゅつしつ》 床山《とこやま》
高橋晃子《たかはしあきこ》 さん

小さいころから着物や人形がすきで、人形や友だちの髪《かみ》を結《ゆ》っていたという高橋《たかはし》さん。大学卒業後《だいがくそつぎょうご》は伝統芸能《でんとうげいのう》とははなれた道に進みましたが、「やはりすきな古典《こてん》の世界で髪《かみ》を結《ゆ》いたい」という思いが強く、床山《とこやま》さんの楽屋をたずねたのが、この道に入るきっかけになりました。しかし、当時は女性《じょせい》の床山《とこやま》はいなかったため、すぐにOKは出ませんでしたが、あきらめずに何度も通ううちに熱意《ねつい》が伝《つた》わり、アルバイトからはじめて、数年後に、はれて国立文楽《こくりつぶんらく》劇場初《げきじょうはつ》の女性床山《じょせいとこやま》としてスタートをきったのです。

大すきな世界で、舞台《ぶたい》から聞こえてくる太夫《たゆう》の語りや三味線《しゃみせん》の音を聞きながらしごとができる幸せを感じるといいます。

ただ髪《かみ》を結《ゆ》うだけでなく、その人形の役の身分や性格《せいかく》、性根《しょうね》までを考えて髪型《かみがた》をつくっていきます。そして、自分が髪《かみ》を結《ゆ》った人形たちが魂《たましい》をふきこまれ、舞台《ぶたい》で生き生きと動くさまを思いながら、自分も「人形といっしょに舞台《ぶたい》に立っている」という一体感を感じるそうです。これからも、人形に人格《じんかく》をふきこむ新しい髪型《かみがた》にも挑戦《ちょうせん》していくことでしょう。

大道具《おおどうぐ》

人形が生きる舞台《ぶたい》づくり

倉庫《そうこ》のような広いしごと場で大道具《おおどうぐ》の切りだしをします。使われている素材《そざい》は、軽くて丈夫《じょうぶ》な杉《すぎ》などです。

背景《はいけい》をつくる

大道具《おおどうぐ》のしごとは、大きく分けて、製作《せいさく》と舞台付《ぶたいつ》き（舞《ぶ》台《たい》の組みたてや転換《てんかん》などを担当《たんとう》する人）があります。製作《せいさく》は、道具をつくる人と、絵を描《か》く人のことをいいます。

手際《てぎわ》よく背景《はいけい》をかきます。人形が目立つように景色《けしき》はあえて細かくかかず、少しぼんやり見せるよう工夫《くふう》しています。

40分の1の縮尺《しゅくしゃく》でかかれた「道具帳《どうぐちょう》」をもとにして、背景《はいけい》などの骨組《ほねぐ》みをつくります。

大道具《おおどうぐ》さんのしごと

【関西舞台株式会社《かんさいぶたいかぶしきがいしゃ》】

舞台《ぶたい》の背景《はいけい》になる山や海などの景色《けしき》や、木や岩、建物《たてもの》などの大がかりな舞台装置《ぶたいそうち》、また建物《たてもの》のなかのふすまや障子《しょうじ》、木戸《きど》や門のようなセットをつくるのが大道具《おおどうぐ》さんのしごとです。

大道具《おおどうぐ》を製作《せいさく》して管理《かんり》するほかに、公演中《こうえんちゅう》に芝居《しばい》の場面ごとに大道具《おおどうぐ》を組みたてたり、調整したりするのも、大道具《おおどうぐ》さんの大切なしごとです。

公演《こうえん》の一か月くらい前からはじまる大道具《おおどうぐ》づくり

公演《こうえん》の演目《えんもく》が決まると、劇場《げきじょう》の製作《せいさく》の人や美術《びじゅつ》の担当者《たんとうしゃ》、人形遣《にんぎょうつか》いの代表が集まって打ち合わせが行われ、その結果《けっか》をもとに美術《びじゅつ》の担当者《たんとうしゃ》が四十分の一の舞台《ぶたい》デザインをかきます。これを「道具帳《どうぐちょう》」といいます。

公演《こうえん》の一か月くらい前から、道具帳《どうぐちょう》にも

舞台《ぶたい》で組みたてる

大道具《おおどうぐ》は二十日ほどの公演《こうえん》のあいだ使うものなので、しっかりとつくられています。

屋体《やたい》セットの動きを確認《かくにん》しながら組みたてていきます。組みたて後のそうじもしっかりと。

すばやく場面転換《ばめんてんかん》をするため、むだのない動きで作業を進めます。

とづいて大道具《おおどうぐ》をつくりはじめ、舞台《ぶたい》げいこの前までに完成《かんせい》させます。舞台《ぶたい》に大道具《おおどうぐ》を組みあげたら、照明《しょうめい》をあてて、さまざまな点検《てんけん》をする「道具調《どうぐしら》べ」を行います。

舞台《ぶたい》の背景《はいけい》になる大道具《おおどうぐ》を「書割《かきわり》」といいますが、書割《かきわり》は上からつって場面ごとに変《か》えられるようになっています。同じ演目《えんもく》でも、演出《えんしゅつ》のやり方などで人形の動かし方が変《か》わることがあるので、大道具《おおどうぐ》は公演《こうえん》ごとにつくって、終わると解体《かいたい》します。

ミニ知識《ちしき》「セリ上げ」「セリ下げ」

舞台《ぶたい》の床《ゆか》の一部をくりぬいて大道具全体《おおどうぐぜんたい》を上下させる「セリ上げ」「セリ下げ」という演出《えんしゅつ》があります。

『祇園祭礼信仰記《ぎおんさいれいしんこうき》』という演目《えんもく》では、金閣寺《きんかくじ》の二階にとじこめられた将軍《しょうぐん》の母を此下東吉《このしたとうきち》(豊臣秀吉《とよとみひでよし》)が救《すく》う場面で、金閣寺《きんかくじ》のセリを上げ下げして高さを印象《いんしょう》づけます。豪華《ごうか》な金閣《きんかく》寺《じ》をセリに乗せて動かすことで、劇的《げきてき》な効果《こうか》が高まります。

ミニインタビュー 毎日「ちがう」舞台《ぶたい》をいっしょにつくりあげていく

関西舞台株式会社《かんさいぶたいかぶしきがいしゃ》
山添寿人《やまぞえひさと》 さん

「文楽《ぶんらく》の舞台《ぶたい》は、歌舞伎《かぶき》や演劇《えんげき》とちがって、背景《はいけい》や人形の動きを計算に入れた舞台《ぶたい》づくりが必要《ひつよう》になります。つねに人形の動き、人形《にんぎょう》遣《つか》いさんといっしょのときの動線《どうせん》を頭に入れて大道具《おおどうぐ》づくりにとりくんでいます」と話すのは、大道具《おおどうぐ》の山添寿人《やまぞえひさと》さん。

背景《はいけい》や芝居《しばい》の型《かた》などには、伝統芸能独特《でんとうげいのうどくとく》の世界観《せかいかん》があり、それはくずしてはいけないものですが、「そのなかでも『遊び』は必要《ひつよう》だと思います。時代に合った“プラス”を提案《ていあん》していきたい。よい舞台《ぶたい》づくりのための演者《えんじゃ》さんたちとの話し合いも大切なこと」といいます。

20日ほどの舞台《ぶたい》。演目《えんもく》は同じでも、一日として同じ舞台《ぶたい》はありません。その舞台《ぶたい》をいっしょにつくりあげているという自信《じしん》が感じられました。

小道具《こどうぐ》

本物そっくり 人形サイズの小道具《こどうぐ》

持ちものなどに人形遣《にんぎょうつか》いが持つための取っ手がついているなど、特殊《とくしゅ》な構造《こうぞう》をしています。

人形サイズのかわいい小物《こもの》たち

文楽独特《ぶんらくどくとく》の工夫《くふう》がされた小道具《こどうぐ》は、人形に合わせて小さめにつくられています。すべて小道具担当者《こどうぐたんとうしゃ》の手づくりです。

煙管《きせる》や扇子《せんす》、ぞうりもすべて人形サイズ。本物そっくり!

演目《えんもく》や役柄《やくがら》に合わせてつくられた大小さまざまな刀が、整理されて壁《かべ》にかけられています。

小道具《こどうぐ》さんのしごと

公演《こうえん》に必要《ひつよう》な小道具《こどうぐ》を準備《じゅんび》し、管理《かんり》するのが小道具《こどうぐ》さんの役目です。舞台《ぶたい》では人形の動きに合わせて、小道具《こどうぐ》にかなり力がかかることがあります。こわれたり傷《いた》んだりしやすいので、つねに状態《じょうたい》を観察《かんさつ》して補修《ほしゅう》するのも、小道具《こどうぐ》さんの大切なしごとです。人形遣《にんぎょうつか》いの人があつかいやすいよう、工夫《くふう》するのも小道具係《こどうぐがかり》の腕《うで》の見せどころです。

ミニ知識《ちしき》 「首実検《くびじっけん》」の首は、小道具《こどうぐ》!?

『菅原伝授手習鑑《すがわらでんじゅてならいかがみ》』や『一谷嫩軍記《いちのたにふたばぐんき》』などの演目《えんもく》で行われる首実検《くびじっけん》（討《う》ちとった首が本人のものかどうかを、見てたしかめること）のときに出てくる切り首は、製作《せいさく》は首係《かしらがかり》になりますが、あつかいは小道具《こどうぐ》です。

コラム 小道具《こどうぐ》のいろいろ

【持《も》ち道具《どうぐ》】

手ぬぐい、提灯《ちょうちん》、刀など、人形が手に持ったり身につけたりする道具のことです。

人形の手では直接《ちょくせつ》持つことはできないので、ものによっては持ち手をつけたり、穴《あな》をあけたりすることもあります。


【出道具《でどうぐ》】

大道具《おおどうぐ》がセットされた舞台《ぶたい》に置《お》かれている家具、置物《おきもの》、屏風《びょうぶ》、火鉢《ひばち》などや、駕籠《かご》のような大きな道具のことです。


【消《き》えもの】

やぶりすてられる手紙や、食べもののように使うと消えてしまう道具のことです。

『新版歌祭文《しんぱんうたざいもん》』野崎《のざき》村《むら》の段《だん》では、本物のだいこんを使うので、公演中《こうえんちゅう》は、毎日新しいだいこんを用意しています。

人形に合わせてすべて手づくり

舞台上《ぶたいじょう》で使う道具や、人形が持ったり身につけたりする刀、扇《おうぎ》、傘《かさ》、手ぬぐいなどの道具を「小道具《こどうぐ》」といいます。

どれも人形に合わせて、本物の三分の二くらいの大きさにつくられていますが、演《えん》出《しゅつ》の都合で人形にくらべて大きめにつくられるものもあります。たとえば、はしや、扇子《せんす》などは人形遣《にんぎょうつか》いが直接《ちょくせつ》持つので、人間の使うものと同じ大きさにつくられています。

変《か》わったところでは、消えものとよばれる一度使うとなくなってしまう物で、本物のだいこんを使うこともあります。

また、『国性爺合戦《こくせんやかっせん》』には虎《とら》が出る段《だん》がありますが、虎《とら》の文楽人形《ぶんらくにんぎょう》はないので、着ぐるみを着ますが、この着ぐるみの製作《せいさく》も小道具《こどうぐ》さんです。

公演中《こうえんちゅう》に使う小道具《こどうぐ》は、舞台《ぶたい》そでの部屋に整理されて置《お》かれています。小道具係《こどうぐがかり》も待機《たいき》して、小道具《こどうぐ》の出し入れを行います。

用意された小道具《こどうぐ》は、若《わか》い人形遣《にんぎょうつか》いによって、演技中《えんぎちゅう》の人形遣《にんぎょうつか》いに手わたされます。

ミニインタビュー

芝居《しばい》ずきが高《こう》じて小道具《こどうぐ》づくりに

国立文楽劇場《こくりつぶんらくげきじょう》
文楽技術室《ぶんらくぎじゅつしつ》 小道具担当《こどうぐたんとう》
天野耕一郎《あまのこういちろう》 さん

「ホームセンターになら何時間でもいられます！」というのは、小道具担当《こどうぐたんとう》の天野耕一郎《あまのこういちろう》さん。国立文楽劇場《こくりつぶんらくげきじょう》内にある小道具《こどうぐ》の制作室《せいさくしつ》には、出番を待つ小道具《こどうぐ》や工作用具、試作品《しさくひん》などがところせましと置《お》かれていて、まるで大きなおもちゃ箱のようで、わくわくします。

人形の持つ小道具《こどうぐ》は、ただ小さめにつくられているだけではなく、舞台《ぶたい》で人形が持ったときに、いかに美しく見えるかも、一つひとつ計算されていて、客席《きゃくせき》からはわからないような、遊び心いっぱいの工夫《くふう》をすることも、小道具《こどうぐ》づくりのおもしろさです。ほとんどが手づくりですが、既製《きせい》のものを人形に合わせて切ったり、のばしたりして再利用《さいりよう》するのも、お手のものです。新作の出し物のときなどは、人形遣《にんぎょうつか》いの人たちと相談《そうだん》しながらつくりあげていくこともあるそうです。小道具《こどうぐ》チェックも文楽《ぶんらく》の舞《ぶ》台《たい》を見る楽しみの一つといえるでしょう。

お囃《はや》子《し》

多《た》様《よう》な音で舞《ぶ》台《たい》を盛《も》りあげる

御簾内《みすうち》で演奏《えんそう》する囃子方《はやしかた》。いろいろな楽器《がっき》を使いわけます。

大太鼓《おおだいこ》を打つ望月太明十郎《もちづきためじゅうろう》さん。

笛をふく藤舎次生《とうしゃじしょう》さん。

小鼓《こつづみ》を打つ望月太明吉《もちづきためきち》さん。

お囃《はや》子《し》さんのしごと

【望月太明蔵社中《もちづきためぞうしゃちゅう》】

お囃子《はやし》とは、能楽《のうがく》をもとに、日本の古典音楽《こてんおんがく》（長唄《ながうた》・清元《きよもと》・常磐津《ときわず》・大和楽《やまとがく》など）の曲に合わせて伝統的《でんとうてき》な日本の楽器《がっき》で演奏《えんそう》される音楽のことで、お囃子《はやし》の演奏《えんそう》をする人たちのことを「囃子方《はやしかた》」「囃子連中《はやしれんじゅう》」とよびます。

文楽《ぶんらく》や歌舞伎《かぶき》の公演《こうえん》では、芝居《しばい》を盛《も》りあげる下《げ》座音楽《ざおんがく》（黒御簾音楽《くろみすおんがく》）を担当《たんとう》します。舞台《ぶたい》の下手《しもて》側《がわ》、小幕《こまく》の上の御簾内《みすうち》にある囃子部屋《はやしべや》で、御簾《みす》をおろしたまま、太鼓《たいこ》、鉦《かね》、笛などの楽器《がっき》を演奏《えんそう》してさまざまな音を出します。

お囃《はや》子《し》の重要《じゅうよう》な役割《やくわり》は音の創造《そうぞう》

開演前《かいえんまえ》の雰囲気《ふんいき》を盛《も》りあげるために、柝《き》（拍子木《ひょうしぎ》）を二回打ってから、締太鼓《しめだいこ》をゆっくりと打ちます。そして幕開《まくあ》けのお囃子《はやし》がはじまり、いよいよ開演《かいえん》です。

能《のう》の音楽で使われる能管《のうかん》（横笛）、小鼓《こつづみ》、大《おお》鼓《つづみ》、太鼓《たいこ》を基本《きほん》とする演奏《えんそう》は、格《かく》が高い人物の出入りに使われ、主に時代物《じだいもの》の、身分の高い人物の館《やかた》の雰囲気《ふんいき》を出します。

御簾内《みすうち》ではほかに、当《あた》り鉦《がね》、鈴《りん》、銅鑼《どら》、木魚《もくぎょ》など、さまざまな楽器《がっき》を使って、芝居《しばい》を盛《も》りあげます。たとえば雪の降《ふ》る場面で、大太鼓《おおだいこ》を、やわらかい布《ぬの》などでつつんだばちでドーンドーンとゆっくりしずかにたたくと、しんしんと降《ふ》る雪の感じが伝《つた》わってきます。また、風、雨、水などの自然《しぜん》の音や、動物や鳥の鳴き声なども楽器《がっき》で表現《ひょうげん》します。

コラム どんな音が出るのかな？

舞台《ぶたい》を演出《えんしゅつ》するために、いろいろなものを使って、自然《しぜん》の音を表現《ひょうげん》します。舞台《ぶたい》を見るときは、こういった音もいっしょに楽しみましょう。

【オルゴール】

リン（鉦《かね》）が木の板に垂直《すいちょく》にならんでいます。天界《てんかい》、御殿《ごてん》の場面などに使われます。

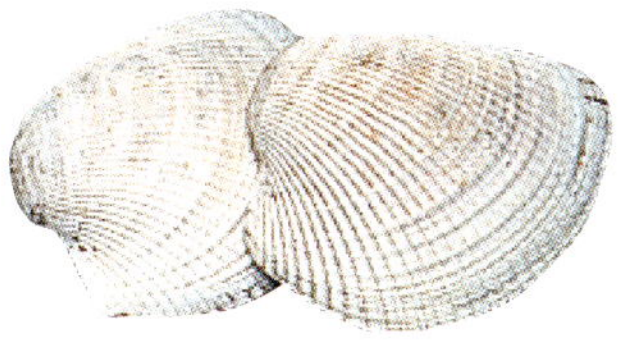

【カエルの鳴き声】

貝のギザギザの面をこすりあわせます。

【雷車《らいしゃ》】

床《ゆか》の上で転がすと、ゴロゴロと雷《かみなり》のような音がします。

【ガリ時計】

棒《ぼう》を持ってふりまわすと、ゼンマイじかけのような音がします。時を知らせる楽器《がっき》として使われます。

【擬音笛《ぎおんぶえ》】

木でできた大小さまざまな笛で、いろいろな鳥や虫の鳴き声を表現《ひょうげん》します。

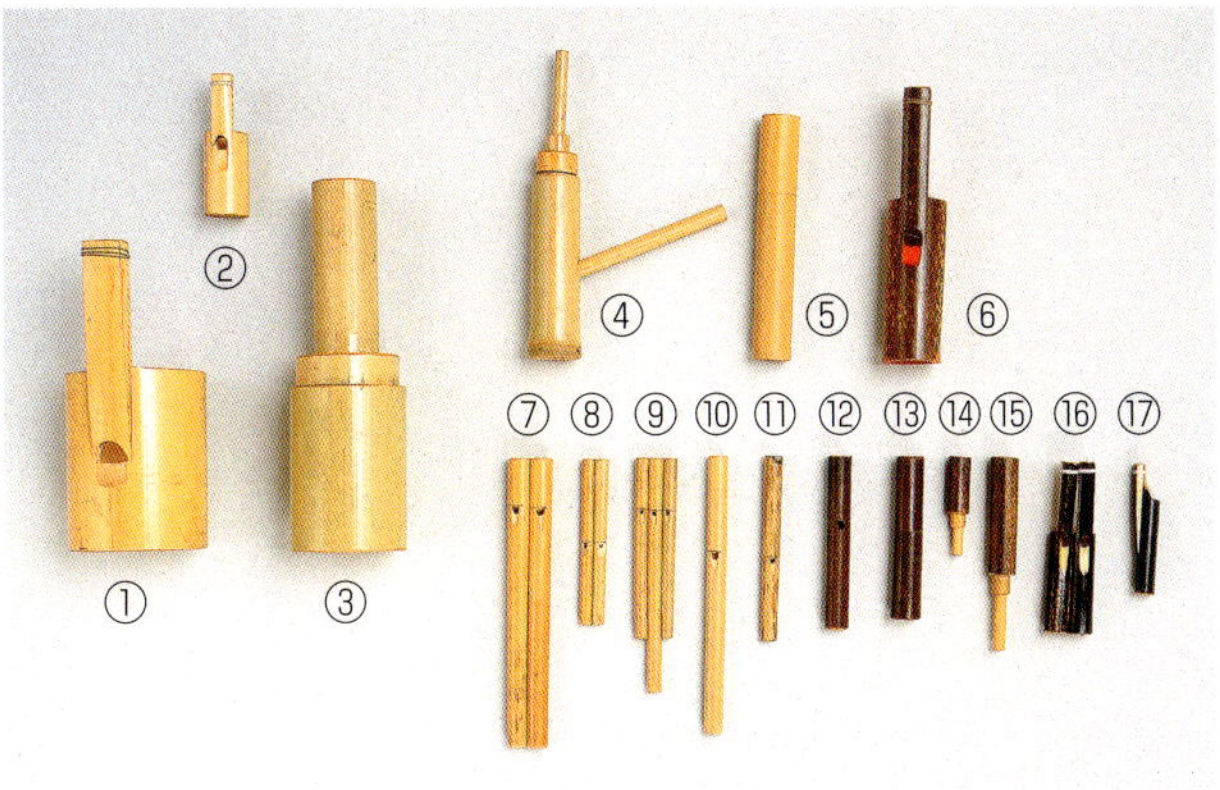

①かっこう　②うぐいす　③馬のいななき　④水小鳥
⑤からす　⑥ほととぎす　⑦あんま　⑧虫　⑨ひぐらし
⑩小鳥　⑪呼子《よぶこ》　⑫かじか　⑬にわとり　⑭もず
⑮赤ちゃん　⑯とんび　⑰千鳥

ミニインタビュー

語りと人形に合わせて、御簾《みす》のなかから舞台《ぶたい》を盛《も》りあげる

望月太明蔵社中《もちづきたぬぞうしゃちゅう》
望月太明十郎《もちづきたぬじゅうろう》 さん

文楽《ぶんらく》・歌舞伎《かぶき》・邦楽《ほうがく》・舞踊《ぶよう》などの公演《こうえん》で、幅広《はばひろ》く演奏活動《えんそうかつどう》している望月太明十郎《もちづきたぬじゅうろう》さん。文楽《ぶんらく》は、太夫《たゆう》の語りと人形の動きに合わせるため、歌舞伎《かぶき》の演奏《えんそう》より音をおとすなど、太夫《たゆう》の語りのじゃまにならないような演奏《えんそう》を心がけているそうです。「水の流れる音、雪の降《ふ》るようすをあらわす太鼓《たいこ》の音などの背景音楽《はいけいおんがく》は、譜面《ふめん》がないのでむずかしい」という望月《もちづき》さん。
文楽《ぶんらく》は、太夫《たゆう》、三味線《しゃみせん》、人形遣《にんぎょうつか》いとともに、囃子方《はやしかた》の音楽がプラスされてこそ、人形の心情《しんじょう》や情景《じょうけい》が見る人の心にひびいてくるのです。

勘亭流文字《かんていりゅうもじ》

文楽《ぶんらく》の番付《ばんづけ》をかざる文字

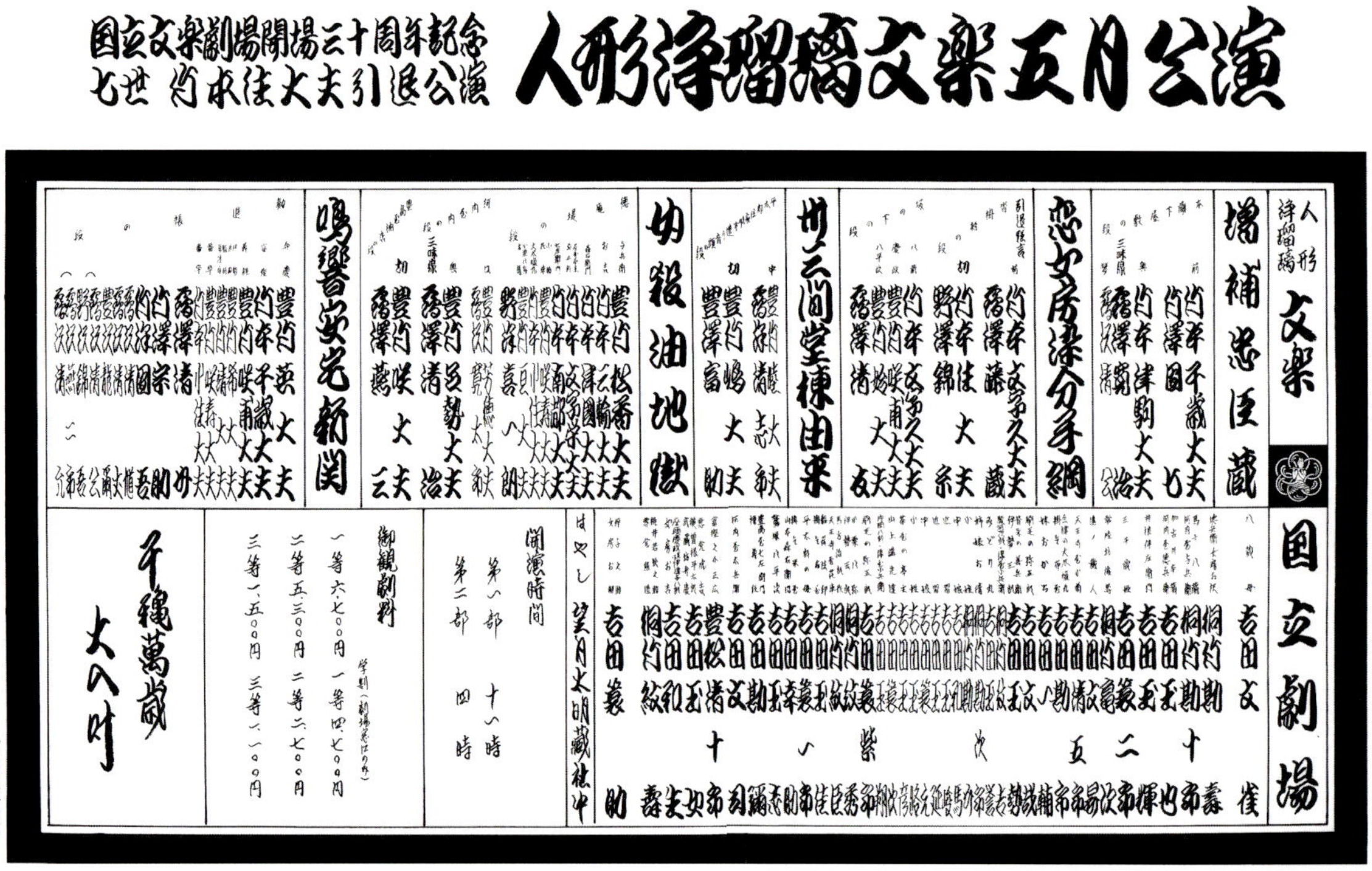

北浦皓弌《きたうらこういち》さん筆による「一枚番付《いちまいばんづけ》」。平成《へいせい》二十六年（二〇一四年）五月文楽公演《ぶんらくこうえん》プログラムより。

文楽《ぶんらく》の「番付《ばんづけ》」ってなに？

江戸時代《えどじだい》には、公演《こうえん》ごとに上演《じょうえん》の月日、座名《ざめい》、演目《えんもく》、配役《はいやく》などを書いた番付《ばんづけ》があり、ポスターやチラシの役割《やくわり》をしていました。現在《げんざい》は、プログラムの最初《さいしょ》に、勘亭流《かんていりゅう》の文字で書かれた、江戸時代《えどじだい》と同じような「一枚番付《いちまいばんづけ》」がついています。

技芸員《ぎげいいん》の名は、太字、中字、細字と格《かく》によって書きわけてあります。太夫《たゆう》と三味線《しゃみせん》は演目《えんもく》ごとに名前を書きますが、人形遣《にんぎょうつか》いは、役名と名前を格《かく》の高い順《じゅん》に両側《りょうがわ》から内側《うちがわ》にむけて書きます。

また、文楽《ぶんらく》の番付《ばんづけ》では、公演《こうえん》の最終日《さいしゅうび》は、「千秋楽《せんしゅうらく》」ではなく、「秋」の字の火から火事を連想《れんそう》するので「千穐楽《せんしゅうらく》」と書きます。

勘亭流書家《かんていりゅうしょか》のしごと

勘亭流《かんていりゅう》は、江戸時代《えどじだい》にできた芝居文字《しばいもじ》の書体です。空席《くうせき》なくお客さんが入り、日を追って大入りになるようにというねがいをこめて、字画《じかく》のすきまを少なくし、右肩上《みぎかたあ》がりになるように文字を書きます。

文楽《ぶんらく》の場合、技芸員《ぎげいいん》の名前の字の大きさ、太さ、字数、字画《じかく》がそれぞれちがうので、コンピュータでは書けない、職人技《しょくにんわざ》がいかされています。

ミニインタビュー

失敗《しっぱい》がゆるされない「一枚番付《いちまいばんづけ》」書き

勘亭流書家《かんていりゅうしょか》
北浦皓弌《きたうらこういち》 さん

平成《へいせい》26年（2014年）まで、文楽《ぶんらく》勘亭流《かんていりゅう》の書を専門《せんもん》に書いていた北浦《きたうら》皓弌《こういち》さん。若《わか》いころ、京都南座《きょうとみなみざ》の「まねき」（役者の名前を勘亭流《かんていりゅう》で書いた看板《かんばん》）の書体に感動を受けたことが、文楽《ぶんらく》の番付《ばんづけ》を書くきっかけとなりました。

「大きな紙一枚《まい》に書く、一枚番付《いちまいばんづけ》は失敗《しっぱい》がゆるされません。どんなにけいこをつみかさねても、書くときには緊張《きんちょう》します」と北浦《きたうら》さん。

文楽《ぶんらく》は、歌舞伎《かぶき》とくらべて代々襲名《だいだいしゅうめい》する名跡《みょうせき》が少なく、新しい芸名《げいめい》も生まれます。また、新作の外題《げだい》などに、はじめての文字が入ることもあるので、文楽《ぶんらく》と直接関係《ちょくせつかんけい》がなさそうな文字でも、新聞などからランダムに選《えら》んで、日々《ひび》、練習をかさねているそうです。

文楽《ぶんらく》を楽しもう

夏休み文楽《ぶんらく》特別《とくべつ》公演《こうえん》

親《おや》子《こ》劇《げき》場《じょう》

三蔵法師《さんぞうほうし》一行《いっこう》が天竺国《てんじくこく》へむかう途中《とちゅう》の一場面。『新編西遊記《しんぺんさいゆうき》 GO WEST！ 玉《たま》うさぎの涙《なみだ》』（2016年公演《こうえん》）より。

公演《こうえん》のチラシ。みんなが知っている物語から新作《しんさく》まで、毎年、楽しい演目《えんもく》が上演《じょうえん》されています。

終演後《しゅうえんご》は、ロビーで人形たちが見送りをしてくれます。人形との記念撮影《きねんさつえい》もOK！

大阪《おおさか》の国立文楽劇場《こくりつぶんらくげきじょう》では、夏休みの特別《とくべつ》公演《こうえん》として、大人も子どもも楽しめる「親子《おやこ》劇場《げきじょう》」を開催《かいさい》しています。

むずかしいといわれている文楽《ぶんらく》ですが、この公演《こうえん》では、『西遊記《さいゆうき》』や『かみなり太鼓《だいこ》』など、演目《えんもく》に合わせて特別《とくべつ》につくられた人形たちが、みんなのよく知っている物語をやさしい言葉や音楽、楽しいパフォーマンスで、どきどきわくわくの舞台《ぶたい》をくりひろげます。

舞台《ぶたい》の合間には、出演者《しゅつえんしゃ》が文楽《ぶんらく》についてわかりやすく解説《かいせつ》してくれるコーナーもあり、はじめて文楽《ぶんらく》を見る大人も子どももも楽しめる内容《ないよう》になっています。

また、舞台《ぶたい》の進行に合わせて音声解説《おんせいかいせつ》を聞くことができるイヤホンガイドの無料貸出《むりょうかしだし》（十八歳《さい》以下《か》、保証金《ほしょうきん》 千円預《あず》かり）や、記念《きねん》グッズのプレゼントなど、うれしい特典《とくてん》もあります。

夏休みには、国立文楽《こくりつぶんらく》劇場《げきじょう》で、大阪《おおさか》が生んだ日本の伝統芸能《でんとうげいのう》「文楽《ぶんらく》」を身近に感じてみませんか？

【問い合わせ先】
国立文楽劇場《こくりつぶんらくげきじょう》
〒542-0073
大阪市中央区日本橋 1-12-10
06-6212-2531（代表）
http://www.ntj.jac.go.jp/bunraku.html

文楽《ぶんらく》が見られる主な劇場《げきじょう》

【ここもチェック！】

毎年、８月には愛媛県《えひめけん》の内子座《うちこざ》、12月には福岡県《ふくおかけん》の博多座《はかたざ》で、２日間だけですが公演《こうえん》が行われています。

内子座《うちこざ》

〒791-3301　愛媛県喜多郡内子町内子2102
TEL 0893-44-2111（内子町役場）
https://www.town.uchiko.ehime.jp/site/bunraku/

1916（大正《たいしょう》５）年に建《た》てられ、昭和《しょうわ》の末《すえ》に復元《ふくげん》された木造《もくぞう》二階《かいだ》建ての劇場《げきじょう》。まわり舞台《ぶたい》や花道《はなみち》、枡席《ますせき》などをそなえ、江戸時代《えどじだい》の芝居小屋《しばいこや》の雰囲気《ふんいき》を体験《たいけん》できます。

博多座《はかたざ》

〒812-8615　福岡市博多区下川端町2-1
TEL 092-263-5858
http://www.hakataza.co.jp/

1999（平成《へいせい》11）年に開場した福岡市立《ふくおかしりつ》の演劇専用劇場《えんげきせんようげきじょう》。座席数《ざせきすう》は九州《きゅうしゅう》では最大級《さいだいきゅう》です。

……………………………………

※本公演《ほんこうえん》をしていないときにも、小さなイベントやワークショップなどがあります。劇場《げきじょう》に置《お》いてあるチラシやインターネットなどで情報《じょうほう》を確認《かくにん》しましょう。

※そのほか３月・10月ころには地方公演《ちほうこうえん》が行われ、地域《ちいき》のホールなどで文楽《ぶんらく》を見ることができます。行く場所は毎年変《か》わりますので、「文楽協会《ぶんらくきょうかい》」のホームページなどでチェックしてください。

公益財団法人　文楽協会《ぶんらくきょうかい》

〒542-0073　大阪市中央区日本橋1-12-10
TEL 06-6211-1350
http://www.bunraku.or.jp/

国立文楽劇場《こくりつぶんらくげきじょう》

国立劇場《こくりつげきじょう》　小劇場《しょうげきじょう》

〒102-8656　東京都千代田区隼町4-1
TEL 03-3265-7411
http://www.ntj.jac.go.jp/kokuritsu.html

1966（昭和《しょうわ》41）年に日本の伝統芸能《でんとうげいのう》を上演《じょうえん》する国立の劇場《げきじょう》として開場しました。館内には大小２つの劇場《げきじょう》があり、大劇場《だいげきじょう》では歌舞伎《かぶき》や日本舞踊《にほんぶよう》などの公演《こうえん》が、小劇場《しょうげきじょう》では文楽《ぶんらく》・邦楽《ほうがく》・雅楽《ががく》・民俗芸能《みんぞくげいのう》などの公演《こうえん》が行われています。

※文楽《ぶんらく》の公演《こうえん》は、毎年２月、５月、９月、12月に、小劇場《しょうげきじょう》で約《やく》２週間ずつの本公演《ほんこうえん》があります。12月には、くわしい解説《かいせつ》つきの「文楽鑑賞教室《ぶんらくかんしょうきょうしつ》」が行われます。

国立文楽劇場《こくりつぶんらくげきじょう》

〒542-0073　大阪市中央区日本橋1-12-10
TEL 06-6212-2531
http://www.ntj.jac.go.jp/bunraku.html

４番目の国立劇場《こくりつげきじょう》として1984（昭和《しょうわ》59）年に開場しました。文楽《ぶんらく》を中心に、演劇《えんげき》や舞踊《ぶよう》などの公演《こうえん》が行われています。落語《らくご》・漫才《まんざい》・浪曲《ろうきょく》などの大衆芸能《たいしゅうげいのう》の公演《こうえん》が行われている小ホールもあります。

※文楽《ぶんらく》の公演《こうえん》は、毎年１月、４月、６月、７月末《がつまつ》～８月はじめ、それに11月に、約《やく》３週間ずつの本公演《ほんこうえん》があります。また６月には、はじめての人にも親しみやすい、くわしい解説《かいせつ》つきの「文楽鑑賞教室《ぶんらくかんしょうきょうしつ》」が行われます。

文楽《ぶんらく》の技芸員《ぎげいいん》を育てる研修制度《けんしゅうせいど》

文楽《ぶんらく》を支《ささ》える技芸員《ぎげいいん》（太夫《たゆう》、三味線弾《しゃみせんひ》き、人形遣《にんぎょうつか》い）は世襲《せしゅう》ではありません。家柄《いえがら》には関係《かんけい》なく、だれもが同じようなスタート地点から修行《しゅぎょう》をはじめ、修練《しゅうれん》をつむことでプロの技芸員《ぎげいいん》になることができます。

一九七二（昭和《しょうわ》四十七）年に、日本芸術文化振興会《にほんげいじゅつぶんかしんこうかい》と文楽協会《ぶんらくきょうかい》が協力《きょうりょく》して、技芸員《ぎげいいん》を育てる研修制度《けんしゅうせいど》をはじめました。

研修期間《けんしゅうきかん》は二年間で、受講料《じゅこうりょう》は無料《むりょう》です。義太夫節《ぎだゆうぶし》、三味線弾《しゃみせんひ》き、人形遣《にんぎょうつか》いの実技《じつぎ》のほか、箏曲《そうきょく》、胡弓《こきゅう》、謡《うたい》、狂言《きょうげん》、日本舞踊《にほんぶよう》、作法《さほう》など、さまざまなことを学び、そのなかで適性《てきせい》にあった専門《せんもん》を決めて修行《しゅぎょう》していきます。

研修生《けんしゅうせい》の募集《ぼしゅう》は、基本的《きほんてき》に二年おきに行われています。応募《おうぼ》すると、まずは簡単《かんたん》な実技試験《じつぎしけん》と面接《めんせつ》が行われます。中学卒業以上《ちゅうがくそつぎょういじょう》の男子で、原則《げんそく》として二十三歳以下《さいいか》なら、だれでもチャレンジできます。

【問い合わせ先】
国立文楽劇場《こくりつぶんらくげきじょう》　企画制作課《きかくせいさくか》　養成係《ようせいがかり》
〒542-0073
大阪市中央区日本橋1-12-10
TEL 06-6212-5529（直通）
http://www.ntj.jac.go.jp/training.html

人形浄瑠璃《にんぎょうじょうるり》　文楽座《ぶんらくざ》

http://www.bunrakuza.com/

文楽《ぶんらく》の普及活動《ふきゅうかつどう》を行っているNPO法人《ほうじん》「人形浄瑠璃《にんぎょうじょうるり》 文楽座《ぶんらくざ》」の公式ホームページ。「文楽《ぶんらく》の魅力《みりょく》」の項《こう》に、文楽《ぶんらく》の歴史《れきし》や、浄瑠璃《じょうるり》、人形についての、くわしい解説《かいせつ》があります。

伝統芸能《でんとうげいのう》が調べられる本

【伝統芸能全般《でんとうげいのうぜんぱん》】

『ポプラディア情報館《じょうほうかん》　伝統芸能《でんとうげいのう》』

三隅治雄／監修　ポプラ社（2007）

【文楽《ぶんらく》】

『新版《しんぱん》 日本の伝統芸能《でんとうげいのう》はおもしろい
桐竹勘十郎《きりたけかんじゅうろう》と文楽《ぶんらく》を観《み》よう』

桐竹勘十郎／監修　小野幸惠／著　岩崎書店（2015）

『伝《つた》えよう！　日本の伝統芸能《でんとうげいのう》
大研究《だいけんきゅう》　歌舞伎《かぶき》と文楽《ぶんらく》の図鑑《ずかん》』

国土社編集部／編　児玉竜一／監修　国土社（2016）

『物語で学ぶ日本の伝統芸能《でんとうげいのう》4　文楽《ぶんらく》』

平島高文／監修　くもん出版（2004）

『日本の伝統芸能《でんとうげいのう》4　人形芝居《にんぎょうしばい》と文楽《ぶんらく》』

高橋秀雄・芳賀日出男／監修　後藤静夫／著　小峰書店（1995）

『三毛猫《みけねこ》ホームズの文楽夜噺《ぶんらくよばなし》』

赤川次郎／著　桐竹勘十郎／監修　角川書店（2010）

『赤川次郎《あかがわじろう》の文楽入門《ぶんらくにゅうもん》
—人形は口ほどにものを言い』

赤川次郎／著　小学館〔小学館文庫〕（2007）

『あやつられ文楽鑑賞《ぶんらくかんしょう》』

三浦しをん／著　双葉社〔双葉文庫〕（2011）

『新版《しんぱん》 あらすじで読む名作文楽《めいさくぶんらく》 50 選《せん》』

高木秀樹／著　青木信二／写真　世界文化社（2015）

『文楽《ぶんらく》ざんまい』

亀岡典子／著　淡交社（2005）

伝統芸能《でんとうげいのう》が調べられる場所

【伝統芸能全般《でんとうげいのうぜんぱん》】

伝統芸能情報館《でんとうげいのうじょうほうかん》

〒102-8656　東京都千代田区隼町 4-1
TEL 03-3265-7411
http://www.ntj.jac.go.jp/tradition.html

2003（平成《へいせい》15）年に国立劇場《こくりつげきじょう》の敷地内《しきちない》に建《た》てられた施設《しせつ》で、伝統芸能《でんとうげいのう》にかんする歴史的《れきしてき》な資料《しりょう》や映像《えいぞう》などを閲覧《えつらん》することができます。国立劇場《こくりつげきじょう》が収集《しゅうしゅう》した、さまざまな資料《しりょう》を中心とした企画展示《きかくてんじ》が行われている「情報展示室《じょうほうてんじしつ》」、演劇《えんげき》・演芸関係《えんげいかんけい》の図書を多数収蔵《しゅうぞう》している「図書閲覧室《としょえつらんしつ》」のほか、公演記録《こうえんきろく》の観賞会《かんしょうかい》や講演会《こうえんかい》も行われています。

【ウェブサイト】

文化デジタルライブラリー

http://www2.ntj.jac.go.jp/dglib/

独立行政法人日本芸術文化振興会《どくりつぎょうせいほうじんにほんげいじゅつぶんかしんこうかい》が運営《うんえい》する「伝統芸能《でんとうげいのう》を調べる・見る・学ぶ」ためのサイトです。映像《えいぞう》による解説《かいせつ》や画像資料《がぞうしりょう》などの豊富《ほうふ》なコンテンツで能楽《のうがく》・歌舞伎《かぶき》・文楽《ぶんらく》などの基礎知識《きそちしき》を「学ぶ」ほか、公演記録《こうえんきろく》を「調べる」、収蔵資料《しゅうぞうしりょう》を「見る」ことができます。

【文楽《ぶんらく》】

国立文楽劇場《こくりつぶんらくげきじょう》　資料展示室《しりょうてんじしつ》・図書閲覧室《としょえつらんしつ》

〒542-0073　大阪市中央区日本橋 1-12-10
TEL 06-6212-2531
http://www.ntj.jac.go.jp/bunraku/lib.html

国立文楽劇場《こくりつぶんらくげきじょう》に付属《ふぞく》する施設《しせつ》です。「資料展示室《しりょうてんじしつ》」では、文楽《ぶんらく》の歴史《れきし》をはじめ、文楽《ぶんらく》の基本的《きほんてき》な内容《ないよう》をわかりやすく解説《かいせつ》する展示《てんじ》が行われています。また、「図書閲覧室《としょえつらんしつ》」では文楽関係《ぶんらくかんけい》の図書が閲覧《えつらん》できるほか、事前に予約《よやく》すればビデオなどの視聴覚資料《しちょうかくしりょう》を利用《りよう》することができます（有料《ゆうりょう》）。

【ウェブサイト】

文楽《ぶんらく》への誘《いざな》い

http://www2.ntj.jac.go.jp/unesco/bunraku/jp/

独立行政法人日本芸術文化振興会《どくりつぎょうせいほうじんにほんげいじゅつぶんかしんこうかい》が運営《うんえい》する文楽《ぶんらく》を鑑賞《かんしょう》するための手引きとなるウェブサイト。文楽《ぶんらく》の歴史《れきし》や舞台《ぶたい》の構造《こうぞう》、太夫《たゆう》と三味線《しゃみせん》、人形、衣裳《いしょう》、小道具《こどうぐ》などについて、わかりやすく解説《かいせつ》されています。

文楽協会《ぶんらくきょうかい》

http://www.bunraku.or.jp/

公益財団法人《こうえきざいだんほうじん》 文楽協会《ぶんらくきょうかい》のホームページです。所属《しょぞく》する技芸員《ぎげいいん》（太夫《たゆう》・三味線《しゃみせん》・人形遣《にんぎょうつか》い）の紹介《しょうかい》や、文楽《ぶんらく》の公演《こうえん》のスケジュールを調べることができます。

【資料編《しりょうへん》】

文楽《ぶんらく》ちょこっとQ&A

Q 文楽《ぶんらく》って、ちょっとむずかしそう。わたしたちにもわかる文楽《ぶんらく》の演目《えんもく》はありますか?

A けっしてむずかしいものではありません。全部がわからなくても十分楽しめますよ。はじめての人には、子どもむけの文楽《ぶんらく》をおすすめします。

大阪《おおさか》の「夏休み文楽特別公演《ぶんらくとくべつこうえん》」の親子劇場《おやこげきじょう》では、わかりやすい解説《かいせつ》と楽しい演目《えんもく》が用意されています。

たとえば、『西遊記《さいゆうき》』『瓜子姫《うりこひめ》とあまんじゃく』『金太郎《きんたろう》の大ぐも退治《たいじ》』『舌切雀《したきりすずめ》』『雪狐々姿湖《ゆきはこんこんすがたのみずうみ》』『かみなり太鼓《だいこ》』『ふしぎな豆の木』などなど、むかし話を題材《だいざい》にしたものや、新作もあります。

ほかにも六月には大阪《おおさか》、十二月には東京で文楽《ぶんらく》鑑賞教室《かんしょうきょうしつ》があります。技芸員《ぎげいいん》の人たちによる文《ぶん》楽《らく》の説明《せつめい》や演目《えんもく》の紹介《しょうかい》などの、解説《かいせつ》つきの公演《こうえん》です。説明《せつめい》を聞いてから見ると、とてもわかりやすいですよ。

Q 今のわたしたちの生活とはぜんぜんちがうし、楽しめないような気がしますが……。

A 歴史的《れきしてき》な事件《じけん》をあつかった時代物《じだいもの》の演目《えんもく》でも、登場する人物はわたしたちと同じ心をもっています。人形ならではの誇張《こちょう》した動きから、その心情《しんじょう》を感じとることができます。いつの時代も、人の心に流れる情《じょう》に変《か》わりはないのですから、何回も見ているうちに、だんだんと物語の世界に引きこまれていくことでしょう。

Q お芝居《しばい》を見ながら役に立つ説明《せつめい》を聞くことはできますか?

A 各劇場《かくげきじょう》にはイヤホンガイド(有料《ゆうりょう》)があります。芝居《しばい》の内容《ないよう》や、わかりにくい、いいまわしや言葉の説明《せつめい》、技芸員《ぎげいいん》の解説《かいせつ》などを、芝居《しばい》の進行に合わせて聞くことができます。

太夫《たゆう》が語る義太夫節《ぎだゆうぶし》の詞《ことば》は、舞台《ぶたい》の上(大阪《おおさか》・文楽劇場《ぶんらくげきじょう》)や左右(東京・国立劇場小劇場《こくりつげきじょうしょうげきじょう》)の電光掲示板《でんこうけいじばん》に字幕《じまく》が出ます。地方公演《ちほうこうえん》でも、会場によっては字幕《じまく》があるので安心です。

文楽《ぶんらく》トリビア

太夫《たゆう》と三味線弾《しゃみせんひ》きは、おそろいの肩衣姿《かたぎぬすがた》

太夫《たゆう》と三味線弾《しゃみせんひ》きは、どちらも黒の紋付《もんつき》を着ています。その上に着る肩衣《かたぎぬ》と袴《はかま》は、三味線弾《しゃみせんひ》きの分も太夫《たゆう》が選《えら》んでそろえたもので、太夫《たゆう》の芸《げい》の紋《もん》が入っています。夏には白の紋付《もんつき》を着て、肩衣《かたぎぬ》も夏らしい生地《きじ》のものを使います。

太夫《たゆう》・三味線弾《しゃみせんひ》き・人形遣《にんぎょうつか》いの芸名《げいめい》

文楽《ぶんらく》の芸名《げいめい》には決まりがあります。太夫《たゆう》は、竹《たけ》本《もと》義太夫《ぎだゆう》にちなむ「竹本《たけもと》」か、豊竹若太夫《とよたけわかたゆう》にちなむ「豊竹《とよたけ》」の姓《せい》をもちいます。三味線弾《しゃみせんひ》きの場合は、竹沢《たけざわ》、鶴沢《つるざわ》、野沢《のざわ》、豊沢《とよざわ》のように「沢《さわ》」がつく姓《せい》です。これは義太夫三味線《ぎだゆうしゃみせん》のはじまりの澤住検校《さわずみけんぎょう》という人の名からとったといわれます。沢《さわ》の字は、三味線《しゃみせん》弾《ひ》きの格《かく》によって「澤《さわ》」「沢《さわ》」などと書きわけます。また人形遣《にんぎょうつか》いの姓《せい》には、現在《げんざい》では、吉田《よしだ》、桐竹《きりたけ》、豊松《とよまつ》があります。

また、劇場《げきじょう》で売っているプログラムには、演目《えんもく》の解説《かいせつ》やあらすじのほか、文楽《ぶんらく》をもっと知るための情報《じょうほう》がたくさんのっています。きれいな舞台写《ぶたいしゃ》真《しん》も掲載《けいさい》されており、よい記念《きねん》になります。

Q 大阪《おおさか》の文楽劇場《ぶんらくげきじょう》の一階ロビーの壁《かべ》にかかっている大きな絵はなんですか?

A 芝居絵《しばいえ》です。公演《こうえん》ごとに演目《えんもく》の重要《じゅうよう》な場面を絵にしたもので、いくつかの演目《えんもく》をまとめて配置《はいち》しています。長谷川貞信《はせがわさだのぶ》さんという女性《じょせい》絵師《えし》がかいています。

Q 文楽《ぶんらく》のオリジナルグッズはありますか?

A はい、いろいろあります。絵葉書などのレターセットやシールのほか、手ぬぐいなど、文楽人形《ぶんらくにんぎょう》がデザインされたグッズがたくさんあります。文楽人形《ぶんらくにんぎょう》の絵柄《えがら》が入った「文楽《ぶんらく》せんべい」は、大阪《おおさか》の文楽劇場《ぶんらくげきじょう》や地方公演《ちほうこうえん》の会場でも買えます。

ほかにも、ツメ人形（人形遣《にんぎょうつか》い）が一人で動かす人形）と人形遣《にんぎょうつか》いをモチーフにしたツメやんのグッズがあり、ストラップなどが人気です。

Q ゆるキャラはいますか?

A 東京の国立劇場《こくりつげきじょう》のマスコット、くろごちゃんがいます。小劇場《しょうげきじょう》や大劇場《だいげきじょう》で観客《かんきゃく》をむかえてくれます。毎日ではないので、会えたらラッキーですね。ストラップやぬいぐるみなど、くろごちゃんグッズもいろいろあります。

Q はじめての文楽《ぶんらく》、どの席《せき》がいいでしょうか?

A 人形が演《えん》じるのは舞台正面《ぶたいしょうめん》、太夫《たゆう》と三味線《しゃみせん》弾《ひ》きが座《すわ》る床《ゆか》は舞台右手《ぶたいみぎて》（上手《かみて》）にありますので、太夫《たゆう》の語りと三味線《しゃみせん》を聞きたいなら、舞《ぶ》台《たい》にむかって右側《みぎがわ》の席《せき》、人形遣《にんぎょうつか》いの動きを見たいなら、中央からやや左よりの席《せき》がおすすめです。

Q 客席内《きゃくせきない》で飲んだり食べたりはできますか?

A 上演中《じょうえんちゅう》は、客席内《きゃくせきない》での飲食はできません。開演前《かいえんまえ》や休憩時間《きゅうけいじかん》なら、ロビーや客席内《きゃくせきない》でも飲食できます。でも、においのきついものや大きな音をたてて食べたりするのは、ほかのお客様に迷惑《めいわく》がかかるので気をつけましょう。

劇場内《げきじょうない》にある食堂《しょくどう》、喫茶室《きっさしつ》を利用《りよう》したり、売店でお弁当《べんとう》や飲みものを買うこともできます。

大事な修行《しゅぎょう》「白湯《さゆ》くみ」

太夫《たゆう》が「切場《きりば》」という重要《じゅうよう》な場面を語るとき、盆《ぼん》が回って太夫《たゆう》が登場すると、横にひかえた弟子《でし》が、白湯《さゆ》の入った湯飲みをさっとさしだします。これを「白湯《さゆ》くみ」といいます。

白湯《さゆ》くみの弟子《でし》は、太夫《たゆう》が切場一段《きりばいちだん》を語るあいだ、ずっと床《ゆか》の下に座《すわ》っています。すぐそばで師匠《ししょう》の語りを聞くのは、とてもよい勉強になります。

「外題《げだい》」と「段《だん》」

芝居《しばい》のタイトルを「外題《げだい》」といいます。『仮名《かな》手本忠臣蔵《てほんちゅうしんぐら》』『本朝廿四孝《ほんちょうにじゅうしこう》』『楠昔話《くすのきむかしばなし》』のように、漢字七文字、五文字、三文字のものがほとんどですが、これは外題《げだい》の文字数が、縁起《えんぎ》がいいといわれる奇数《きすう》になるよう、工夫《くふう》をしているためです。

舞台《ぶたい》の「第一幕《だいいちまく》、第二幕《だいにまく》」にあたるものを、文楽《ぶんらく》では「段《だん》」といいます。「序《じょ》（初段《しょだん》）」からはじまって「二段目《にだんめ》、三段目《さんだんめ》…」と続《つづ》きますが、一段《いちだん》のなかをさらに細かく分けることもあります。また物語のクライマックスとなる場面を、「切《きり》」「切場《きりば》」といいます。

時代物《じだいもの》は内容《ないよう》が重厚《じゅうこう》で、基本的《きほんてき》には五段《ごだん》で構成《こうせい》されますが、長いものでは場面ごとに段《だん》を分けるなど、もっと段数《だんすう》の多いものもあります。一方、世話物《せわもの》は三段《さんだん》が多いようです。

ミニミニ「用語基礎知識《ようごきそちしき》」

足金（あしがね）

立役《たちやく》（男性《だんせい》の役）の人形の足首の上あたりにあるL字型《じがた》の金具。足遣《あしづか》いは、この足金《あしがね》を持って人形の足を動かしている。

足遣い（あしづかい）

人形の足を担当《たんとう》する人形遣《にんぎょうつか》い。足拍子《あしびょうし》をとったり型《かた》を決めるときには、大きな音を出して足ぶみをする。また女性《じょせい》の人形には原則《げんそく》として足がないので、着物のすそを裏《うら》側《がわ》からつまみ、すそをさばいて動きをあらわす。座《すわ》っているときや立ちあがるときなどは、手首を曲げて人形の膝《ひざ》の形をつくる。

足拍子（あしびょうし）

登場人物が走ったり歩いたりするさまを表《ひょう》現《げん》したり、なにかの型《かた》をするときに、決まりの型《かた》を強調するために足でふむ拍子《ひょうし》のこと。足遣《あしづか》いが担当《たんとう》する。

韋駄天（いだてん）

立役《たちやく》の人形の代表的《だいひょうてき》な型《かた》の一つ。右ひじを直角に曲げ、手をにぎりしめて左右にふり、足を大きく動かして走るようすをあらわす。力強く、スピード感のある型《かた》。

後振り（うしろぶり）

女方《おんながた》（女性《じょせい》の役）の人形を代表する美しい型《かた》。後《うし》ろ姿《すがた》の人形が、左をふりかえるように大きく体をそらせる。せつない心をうったえたり、悲しみをこらえる場面などでもちいられる。

主遣い（おもづかい）

人形の首《かしら》と右手をあやつる中心的《ちゅうしんてき》な人形遣《にんぎょうつか》い。左手で首《かしら》の胴串《どぐし》を持ち、人形全体を支《ささ》え、指で目や眉《まゆ》を動かして表情《ひょうじょう》をあらわす。また右手は人形の右手を動かす。三人遣《さんにんづか》いのリーダーで、ほかの二人（左遣《ひだりづか》い・足遣《あしづか》い）は主遣《おもづか》いの動きにしたがう。

介錯（かいしゃく）

人形遣《にんぎょうつか》いに小道具《こどうぐ》をわたしたり、かたづけたりといった、舞台《ぶたい》の上でのさまざまな雑《ざつ》用《よう》を行う役割《やくわり》のこと。

首（かしら）

文楽《ぶんらく》の人形は、頭・胴《どう》・手・足の４つの部分からなっており、その頭の部分を「首《かしら》」という。すべて木彫《きぼ》りで、なかはくりぬいてあり、目、眉《まゆ》、口などの動きのしかけがしこまれている。約《やく》80種類《しゅるい》、320点ほどが使われている。

首割り（かしらわり）

どの役に、どの首《かしら》を使用するかを決める作業のこと。多くの首《かしら》のなかから、最《もっと》もふさわしいものを選《えら》びだす。

ガブ

特殊《とくしゅ》な首《かしら》の一つ。ふだんは美しい娘《むすめ》だが、しかけの糸を引くと口が耳までさけ、目はくるりと返って金色（赤目のときもある）になり、角《つの》をはやしたおそろしい形相《ぎょうそう》になって、鬼《おに》の正体をあらわす。名前は口が「ガブッ」と割《わ》れるところから。

カンヌキ

立役《たちやく》の人形の代表的《だいひょうてき》な型《かた》の一つ。トントンと両足をななめにふみ、片足《かたあし》をけりあげ、両腕《りょううで》を左右にまっすぐのばして立ちはだかるような姿勢《しせい》になる。文楽独特《ぶんらくどくとく》の豪快《ごうかい》な型《かた》で、いきおいこんだり、見得《みえ》を切る場面などで使われる。

切場（きりば）

義太夫節《ぎだゆうぶし》で、物語の最《もっと》も重要《じゅうよう》なクライマックスとなる場面のこと。

口針（くちばり）

「娘《むすめ》」と「老女方《ふけおやま》」の首《かしら》の口もとの右側《みぎがわ》に打たれている小さな針《はり》のこと。歯をくいしばって泣《な》くときや、そでを口にくわえる演技《えんぎ》のさいに、そでや手ぬぐいを引っかけるためのもの。

景事（けいごと）

道行《みちゆき》や舞踊劇《ぶようげき》など、音楽性《おんがくせい》のゆたかな演《えん》目《もく》。複数《ふくすう》の太夫《たゆう》や三味線《しゃみせん》による合奏《がっそう》で、人形も優美《ゆうび》に踊《おど》るような動作を見せる。

傾城（けいせい）

女方《おんながた》の首《かしら》の一つで、遊女《ゆうじょ》のなかでも最高位《さいこうい》の傾城《けいせい》の役に使われる。文楽《ぶんらく》の首《かしら》のなかでも最《もっと》も華麗《かれい》で豪華《ごうか》なもので、立兵庫《たてひょうご》とよばれる大ぶりな髪型《かみがた》に、何本もの髪飾《かみかざ》りがつけられている。

源太（げんだ）

立役《たちやく》の首《かしら》の一つ。時代物《じだいもの》・世話物《せわもの》を問わずに、20歳《さい》前後の青年や二枚目役《にまいめやく》に使われる。品のよい顔つきと、引きしまった口もとが特徴《とくちょう》。名前は、『ひらかな盛衰記《せいすいき》』の梶原源太景季《かじわらげんだかげすえ》の役に使われたことから。

見台（けんだい）

太夫《たゆう》が、舞台《ぶたい》で使う台本《だいほん》（床本《ゆかほん》）を置《お》くための台。

検非違使（けんびし）

立役《たちやく》の首《かしら》の一つ。すっきりした眉《まゆ》と目に特《とく》徴《ちょう》があり、きりっと一文字に結《むす》んだ口もとは意志《いし》の強さを感じさせる。知的《ちてき》な表情《ひょうじょう》から、大名《だいみょう》や軍師《ぐんし》、主役から端役《はやく》まで、時代《じだい》物《もの》・世話物《せわもの》を問わずに幅広《はばひろ》く使われるが、敵役《かたきやく》には使わない。

孔明（こうめい）

立役《たちやく》の首《かしら》の一つで、聡明《そうめい》さや気品、意志《いし》の強さなどを感じさせる。40代から50代くらいの、時代物《じだいもの》の公家《くげ》や家老《かろう》などの重要《じゅうよう》な役に使われる。

小ザル（こざる）

胴串《どぐし》につけられている木や竹でつくった小さな板。これを下へおすと、そこに結《むす》ばれたしかけ糸が引っぱられて、目や眉《まゆ》、口が動くしかけになっている。

小幕（こまく）

舞台《ぶたい》の上手《かみて》と下手《しもて》にある黒い幕《まく》。ここから人形が出入りする。江戸時代《えどじだい》に文楽《ぶんらく》の全盛《ぜんせい》期《き》をきずいた竹本座《たけもとざ》と豊竹座《とよたけざ》の紋《もん》が白く染《そ》めぬかれている。

差金（さしがね）

人形の左手についている35センチくらいの長さの棒《ぼう》。左遣《ひだりづか》いは、この差金《さしがね》についた引糸《ひきいと》を操作《そうさ》して人形の左手を動かす。「金」という字がついているが、金属製《きんぞくせい》ではなくシイの木でできている。

時代物（じだいもの）

江戸時代《えどじだい》より前の時代の歴史上《れきしじょう》の人物や事《じ》件《けん》をとりあつかった演目《えんもく》。貴族《きぞく》や武士《ぶし》の社会での事件《じけん》や、できごとが描《えが》かれている。『仮名手本忠臣蔵《かなでほんちゅうしんぐら》』『菅原伝授手習鑑《すがわらでんじゅてならいかがみ》』『義《よし》経千本桜《つねせんぼんざくら》』など。

白太夫 (しらたゆう)

立役《たちやく》の首《かしら》の一つ。目尻《めじり》の下がった小さな目と丸くふくらんだほほ、歯がぬけたひょうきんな口もとが特徴《とくちょう》。そぼくで人柄《ひとがら》のよさがにじみでた田舎《いなか》の老人役《ろうじんやく》などに使われる。

尻引 (しりひき)

太夫《たゆう》が舞台《ぶたい》に座《すわ》るときに尻《しり》の下に置《お》く小さな台。尻引《しりひき》を深くあて、両足のつま先を立てて座《すわ》ることで、下腹部《かふくぶ》に力をこめやすくなり、しっかりと安定した声を、おなかから出すことができる。

世話物 (せわもの)

江戸時代《えどじだい》の庶民《しょみん》の暮《く》らしをあつかった演目《えんもく》。当時の町人の生活や風俗《ふうぞく》を背景《はいけい》に、庶民《しょみん》のおこした事件《じけん》や恋愛《れんあい》、人情《にんじょう》などが描《えが》かれている。『曽根崎心中《そねざきしんじゅう》』『冥途《めいど》の飛脚《ひきゃく》』『新版歌祭文《しんぱんうたざいもん》』など。

団七走り (だんしちばしり)

立役《たちやく》の人形の代表的《だいひょうてき》な型《かた》の一つ。左右の手を大きく開いて腕《うで》をのばし、三味線《しゃみせん》の演奏《えんそう》に乗って豪快《ごうかい》な走り姿《すがた》を見せる。力強さを強調した型《かた》。

チョイ

胴串《どぐし》の前方にある首《かしら》を動かすしかけ。これを上下させると、糸でつながった首《かしら》が、うなずくような動作をする。

ツメ人形 (つめにんぎょう)

村人、子ども、家来《けらい》、通行人など、その他大勢《おおぜい》の役に使われる一人遣《ひとりづか》いの人形。主役級の人形を引きたてるために、小さくつくられている。

手摺 (てすり)

舞台《ぶたい》の一番手前から舞台奥《ぶたいおく》にかけてある三つの仕切りのこと。手前から、舞台《ぶたい》と客席《きゃくせき》を区切る「一の手摺《てすり》」、芝居《しばい》のうえでの道や庭先などになる「二の手摺《てすり》」、家のなかの床《ゆか》の面をあらわす「三の手摺《てすり》」がある。

出遣い (でづかい)

人形遣《にんぎょうつか》いが顔を出して人形を遣《つか》うこと。出《で》遣《づか》いをする主遣《おもづか》いは、衣裳《いしょう》も黒衣《くろご》ではなく黒紋付《くろもんつき》に袴姿《はかますがた》になる。また左遣《ひだりづか》いや足遣《あしづか》いが活躍《かつやく》する特別《とくべつ》な場合も、出遣《でづか》いになることがある。

胴串 (どぐし)

首《かしら》の下についている棒《ぼう》。主遣《おもづか》いは、左手で胴串《どぐし》を持って人形全体を支《ささ》える。うなずく動作をさせる「チョイ」や、目・眉《まゆ》・口を動かす「小ザル」などのしかけがある。

床山 (とこやま)

役に合ったかつらを人形の首《かしら》につけ、髪《かみ》を結《ゆ》いあげる職人《しょくにん》のこと。髪《かみ》を結《ゆ》うときは、首《かしら》や衣裳《いしょう》をよごさないよう、油は使わずに形を整える。また、かつらをつくる作業《さぎょう》も床《とこ》山《やま》の担当《たんとう》で、頭の形に打ちだした銅板《どうばん》（台《だい》金《がね》）に編《あ》んだ毛を縫《ぬ》いつけていく。

梨割 (なしわり)

特殊《とくしゅ》な首《かしら》の一つ。刀で切られると、頭が額《ひたい》から割《わ》れて真っ赤な切り口があらわれる。切られても目がきょろきょろと動くという、こっけいな要素《ようそ》もある。

人形拵え (にんぎょうごしらえ)

人形遣《にんぎょうつか》いが、舞台《ぶたい》で自分が遣《つか》う人形の胴《どう》に衣裳《いしょう》を縫《ぬ》いつけていくこと。

端場 (はば)

義太夫節《ぎだゆうぶし》で、人間関係《にんげんかんけい》や場所などを説明《せつめい》する、物語の導入部《どうにゅうぶ》となる場面のこと。

左遣い (ひだりづかい)

人形の左手をあやつる人形遣《にんぎょうつか》い。小道具《こどうぐ》の出し入れも担当《たんとう》する。人形からはなれて、目立たないよう、人形の左手についている長い棒《ぼう》（差金《さしがね》）を右手で持ってあやつる。舞台《ぶたい》では、黒い着物と黒い頭巾《ずきん》で顔をかくした黒衣姿《くろごすがた》をしている。

老女方 (ふけおやま)

女方《おんながた》の首《かしら》の一つ。時代物《じだいもの》・世話物《せわもの》ともに、20歳《さい》前後から40代くらいまでの既婚《きこん》の女性《じょせい》に使われる。眉《まゆ》はそられ、歯はお歯黒《はぐろ》で染《そ》められている。

舞台下駄 (ぶたいげた)

主遣《おもづか》いが人形をあやつるときにはく、箱のような形をした高下駄《たかげた》。主遣《おもづか》いの身長や役《やく》柄《がら》に合わせて高さを変《か》える。

舟底 (ふなぞこ)

文楽《ぶんらく》の舞台《ぶたい》のなかで、ほかより一段低《だんひく》くなっているところ。文楽独特《ぶんらくどくとく》のしくみ。人形をあやつるとき、足遣《あしづか》いが動きやすいよう、主遣《おもづか》いは舞台下駄《ぶたいげた》をはき、人形を高くさしあげて遣《つか》っている。すると客席前方《きゃくせきぜんぽう》からは人形を見あげる形になるため、少しでも人形と観客《かんきゃく》の目線が平行になるよう、舟《ふな》底《ぞこ》は約《やく》36センチ低《ひく》くなっていて、舟《ふね》の底《そこ》のようなので舟底《ふなぞこ》とよばれている。

文七 (ぶんしち)

立役《たちやく》の代表的《だいひょうてき》な首《かしら》の一つで、時代物《じだいもの》の主役に使われる。太い眉《まゆ》と大きな目が特徴《とくちょう》で、線の太い男性的《だんせいてき》な顔立ちをしている。

盆 (ぼん)

床《ゆか》の中央部分にとりつけられた直径《ちょっけい》2.7メートルほどの回転する丸い台。太夫《たゆう》と三《しゃ》味線弾《みせんひ》きは舞台裏《ぶたいうら》で盆《ぼん》に座《すわ》り、演目《えんもく》がはじまると、そのままくるっと回って舞台《ぶたい》に登場する。「文楽廻《ぶんらくまわ》し」ともいう。

御簾内 (みすうち)

舞台《ぶたい》の上手と下手の小幕《こまく》の上にある、御簾《みす》（すだれ）がかかった小さな部屋。上手側《かみてがわ》の御簾内《みすうち》は、若手《わかて》の太夫《たゆう》と三味線弾《しゃみせんひ》きが、床《ゆか》に登場せずに演奏《えんそう》するときに使われる。下手側《しもてがわ》は囃子部屋《はやしべや》で、芝居《しばい》の雰囲気《ふんいき》を盛《も》りあげる効果音《こうかおん》が演奏《えんそう》される。

道行 (みちゆき)

登場人物が目的地《もくてきち》に移動《いどう》するまでのあいだの景色《けしき》や風物《ふうぶつ》、またそのときの人物の心情《しんじょう》を、音楽性《おんがくせい》のゆたかな義太夫節《ぎだゆうぶし》の演奏《えんそう》で表《ひょう》現《げん》する場面のこと。

娘 (むすめ)

女方《おんながた》の代表的《だいひょうてき》な首《かしら》の一つで、時代物《じだいもの》・世話《せわ》物《もの》を問わず、14～18歳《さい》くらいの未婚《みこん》の女性《じょせい》に使われる。右の口もとに「口針《くちばり》」という小さな針《はり》が打ってある。

八汐 (やしお)

女方《おんながた》の首《かしら》の一つ。眉間《みけん》にしわがよった、けわしい顔つきで、目は左右に動き、口も意地悪そうに開く。主に時代物《じだいもの》で、中年の敵《かたき》役《やく》に使われる。

床本 (ゆかほん)

太夫《たゆう》が舞台《ぶたい》（床《ゆか》）で使う台本で、太夫《たゆう》にとって最《もっと》も大切なものである。太夫《たゆう》が自分で書くのが原則《げんそく》だが、師匠《ししょう》から弟子《でし》に受けつがれる場合もある。

さくいん

【あ】
阿古屋《あこや》……18、39
浅葱幕《あさぎまく》……9、13
足金《あしがね》……20、52
足遣《あしづか》い……18、19、23、52
足拍子《あしびょうし》……19、52
芦屋道満大内鑑《あしやどうまんおおうちかがみ》……32
安宅《あたか》……33
あやつり（芝居《しばい》）……6
【い】
伊賀越道中双六《いがごえどうちゅうすごろく》……24
衣裳《いしょう》……34、35
韋駄天《いだてん》……21、52
一の糸・二の糸・三の糸……16
一谷嫩軍記《いちのたにふたばぐんき》……42
一の手摺《てすり》……9、12
一枚番付《いちまいばんづけ》……46
糸道《いとみち》……17
妹背山婦女庭訓《いもせやまおんなていきん》……15、30
【う】
植村文楽軒《うえむらぶんらくけん》……6
後振《うしろぶ》り……19、21、52
【え】
絵本太功記《えほんたいこうき》……15、21、24
【お】
近江源氏先陣館《おうみげんじせんじんやかた》……24、27
大江巳之助《おおえみのすけ》……27
大道具《おおどうぐ》……40、41
オトシ（太夫《たゆう》）……15
オトシ（舞台《ぶたい》）……9、13
お囃子《はやし》……44、45
お福《ふく》（首《かしら》）……27
主遣《おもづか》い……18、19、21〜23、52
オルゴール……45
女方《おんながた》……19〜21、25、26
女殺油地獄《おんなごろしあぶらのじごく》……30、31
【か】
介錯《かいしゃく》……13、23、52
加賀見山旧錦絵《かがみやまこきょうのにしきえ》……26
書割《かきわり》……41
首《かしら》……19、21、24〜27、36〜39、52
首係《かしらがかり》……36、37、42
首割《かしらわ》り……25、36、52
語《かた》り物《もの》……6、14
かつら屋……39
仮名手本忠臣蔵《かなでほんちゅうしんぐら》……6、15、24、25、28
鉦《かね》……9、11、44、45
ガブ……37、52
ガリ時計……45
勧進帳《かんじんちょう》……18、33
勘亭流《かんていりゅう》……46
カンヌキ……21、52
【き】
柝《き》（拍子木《ひょうしぎ》）……9、22、44
鬼一《きいち》（首《かしら》）……25
鬼一法眼三略巻《きいちほうげんさんりゃくのまき》……25
消えもの……43
祇園祭礼信仰記《ぎおんさいれいしんこうき》……41
擬音笛《ぎおんぶえ》……45
義太夫節《ぎだゆうぶし》……6、7、14〜16
狐忠信《きつねただのぶ》……29
曲弾《きょくび》き……33
切り首……42
切場《きりば》……51、52
【く】
口針《くちばり》……26、37、52
国言詢音頭《くにことばくどきおんど》……33
首実検《くびじっけん》……42
黒衣《くろご》……13、18、22、23
【け】
景事《けいごと》……17、52
傾城《けいせい》（首《かしら》）……39、52
芸名《げいめい》……10、46、50
下座音楽《げざおんがく》（黒御簾音楽《くろみすおんがく》）……44
外題《げだい》……46、51
源太《げんだ》（首《かしら》）……25、52
見台《けんだい》……14、52
検非違使《けんびいし》（首《かしら》）……24、52
源平布引滝《げんぺいぬのびきのたき》……15
【こ】
口上《こうじょう》……22
孔明《こうめい》（首《かしら》）……24、52
国性爺合戦《こくせんやかっせん》……29、43
国立劇場小劇場《こくりつげきじょうしょうげきじょう》……8
国立文楽劇場《こくりつぶんらくげきじょう》……8、36
小ザル……21、52
五天竺《ごてんじく》……25
小道具《こどうぐ》……42、43
寿式三番叟《ことぶきしきさんばそう》……33
胡粉《ごふん》……27、36、37、39
駒《こま》……16
小幕《こまく》……9、10、13、52
嫗山姥《こもちやまんば》……26
【さ】
棹《さお》……16、17
差金《さしがね》……19〜21、52
白湯《さゆ》くみ……51
澤住検校《さわずみけんぎょう》……50
さわり……16
卅三間堂棟由来《さんじゅうさんげんどうむなぎのゆらい》……32
三の手摺《てすり》……9、13
【し】
時代物《じだいもの》……7、28、31、52
三味線《しゃみせん》……16、17、33
定式幕《じょうしきまく》……9
浄瑠璃《じょうるり》……6、8
白太夫《しらたゆう》……53
尻引《しりひき》……15、53
心中天網島《しんじゅうてんのあみじま》……25、31

新版歌祭文《しんぱんうたざいもん》……31、32、34、43
【す】
菅原伝授手習鑑《すがわらでんじゅてならいかがみ》……6、24、27、28、32、42
素浄瑠璃《すじょうるり》……5
【せ】
関取千両幟《せきとりせんりょうのぼり》……33
セリ上げ、セリ下げ……41
世話物《せわもの》……7、30、31、53
千穐楽《せんしゅうらく》（千秋楽《せんしゅうらく》）……46
【そ】
曽根崎心中《そねざきしんじゅう》……7、31、33
孫悟空《そんごくう》（首《かしら》）……25
【た】
太鼓《たいこ》……9、11、44、45
竹本義太夫《たけもとぎだゆう》……6、7、31、50
竹本座《たけもとざ》……6、10、13
立役《たちやく》……20、24
太夫《たゆう》……10、14、15
段《だん》……51
団七走《だんしちばし》り……21、53
壇浦兜軍記《だんのうらかぶとぐんき》……18、39
【ち】
近松門左衛門《ちかまつもんざえもん》……6、7、31
中棹《ちゅうざお》……16
チョイ……21、53
猪八戒《ちょはっかい》（首《かしら》）……25
【つ】
鼓《つづみ》……9、11、44、45
ツメ人形……11、32、51、53
ツレ弾《び》き……17
【て】
手摺《てすり》……9、12、13、53
出遣《でづか》い……18、33、53
出道具《でどうぐ》……43
天神《てんじん》……16
【と】
胴《どう》……16、17
道具調《どうぐしら》べ……41
道具帳《どうぐちょう》……40
胴串《どぐし》……19〜21、27、53
床山《とこやま》……38、39、53
飛《と》び六法《ろっぽう》……33
豊竹座《とよたけざ》……6、10、13
豊竹若太夫《とよたけわかたゆう》……6、50
緞帳《どんちょう》……9
【な】
梨割《なしわり》……32、53
夏祭浪花鑑《なつまつりなにわかがみ》……21
【に】
にかわ……27、36
二の手摺《てすり》……9、12
人形拵《にんぎょうごしら》え……34、53
人形浄瑠璃《にんぎょうじょうるり》……6、31
人形遣《にんぎょうつか》い……12、18、19、22、23、34
【は】
ばち……16、17
端場《はば》……11、13、53
婆《ばば》（首《かしら》）……27
囃子方《はやしかた》（囃子連中《はやしれんじゅう》）……11、44
囃子部屋《はやしべや》……9、44
腹帯《はらおび》……15
【ひ】
日高川入相花王《ひだかがわいりあいざくら》……26
左遣《ひだりづか》い……18、19、21、23、53
ひらかな盛衰記《せいすいき》……21、25
【ふ】
笛……9、11、44
老女方《ふけおやま》（首《かしら》）……26、53
舞台下駄《ぶたいげた》……19、53
筆粉《ふでこ》……16
太棹《ふとざお》……16、17
舟底《ふなぞこ》……9、13、53
文七《ぶんしち》（首《かしら》）……24、53
文楽座《ぶんらくざ》……6、27
文楽廻《ぶんらくまわ》し……10
【へ】
ベンガラ……37
弁慶《べんけい》……18、33
【ほ】
細棹《ほそざお》……16、17
盆《ぼん》……8、10、23、53
本朝廿四孝《ほんちょうにじゅうしこう》……18、27、30、33
本手摺《ほんてすり》……9、13
【ま】
幕見《まくみ》……8
まねき……46
【み】
御簾内《みすうち》……9、11、13、44、45、53
道行《みちゆき》……53
蓑毛《みのげ》……38
【む】
娘《むすめ》（首《かしら》）……26、53
【め】
冥途《めいど》の飛脚《ひきゃく》……25、31
伽羅先代萩《めいぼくせんだいはぎ》……26
【も】
木蝋《もくろう》……39
持《も》ち道具《どうぐ》……43
【や】
ヤク……39
八汐《やしお》（首《かしら》）……25、26、53
病鉢巻《やまいはちまき》……39
【ゆ】
床《ゆか》……8、10、13
床世話《ゆかせわ》……10、22、23
床本《ゆかほん》……14、53
【よ】
義経千本桜《よしつねせんぼんざくら》……6、21、29
【ら】
雷車《らいしゃ》……45

【著者プロフィール】

岩崎和子（いわさき　かずこ）

一九四九年、東京生まれ。元東京成徳大学人文学部日本伝統文化学科教授。文部省・文部科学省教科書調査官を経て、お茶の水女子大学、立教大学、駒沢女子大学などで非常勤講師を務める。主な著書に『仏像のやさしい見方』（主婦と生活社）、『仏像がわかる本　基本の種類と見わけ方』（淡交社）、編著に『緑の風　竹本緑大夫のこと』（「緑の風」編集委員会）など。

【参考文献】

『**文楽‒人形のこころ‒河原久雄写真集**』河原久雄 著（講談社）一九九三年、『**文楽ハンドブック 文楽の全てがわかる小事典**』藤田 洋 編（三省堂）一九九四年、『**劇場に行こう 文楽にアクセス**』松平盟子 著（淡交社）二〇〇三年、『**あらすじで読む 名作文楽50**』高木秀樹 著（世界文化社）二〇〇五年、『**舞台裏おもて 歌舞伎・文楽・能・狂言**』山田庄一・吉田簑助・大蔵彌太郎 監修（マール社）二〇〇六年、『**ぶんらくの本**』国立劇場調査養成部・金森和子 編集（日本芸術文化振興会）二〇一二年

【協力】（五十音順・敬称略）

天野耕一郎、上野 潤、関西舞台株式会社、北浦皓弌、桐竹勘十郎、桐竹勘次郎、国立劇場、国立文楽劇場、米田真由美、高橋晃子、竹本千歳太夫、東京大学駒場図書館、藤舎次生、豊澤富助、人形浄瑠璃文楽座むつみ会、宮本卯之助商店、村尾 愉、望月太明吉、望月太明十郎、望月太明蔵社中、山添寿人、吉田玉翔、吉田簑紫郎

イラスト／中沢正人・水野ぷりん
写真／片野田 斉
編集／内田直子
校正・編集協力／志村由紀枝
デザイン／鈴木守デザイン室（鈴木 守・棚田貴宏）
DTP／明昌堂

日本の伝統芸能を楽しむ

文楽

発　行　二〇一七年四月一刷　二〇二一年四月二刷
著　者　岩崎和子
発行者　今村正樹
発行所　偕成社
〒一六二‒八四五〇 東京都新宿区市谷砂土原町三‒五
電話 〇三‒三二六〇‒三二二一（販売部）
〇三‒三二六〇‒三二二九（編集部）
http://www.kaiseisha.co.jp/
印　刷　大日本印刷
製　本　東京美術紙工

NDC777　55p.　30cm　ISBN978-4-03-544720-7